普天之下．盡是好書

普天出版家族
Popular Press Family

淩雲文創
A-Plus Creative Company

哈洛德・伯勞特曾說：
「談判是指對立的各方運用說服的藝術，
調停彼此間僵持不下的主張與要求。」

說話能力，決定你能談成多少生意

靈活運用說話策略，才是談判最高智慧

易千秋——編著

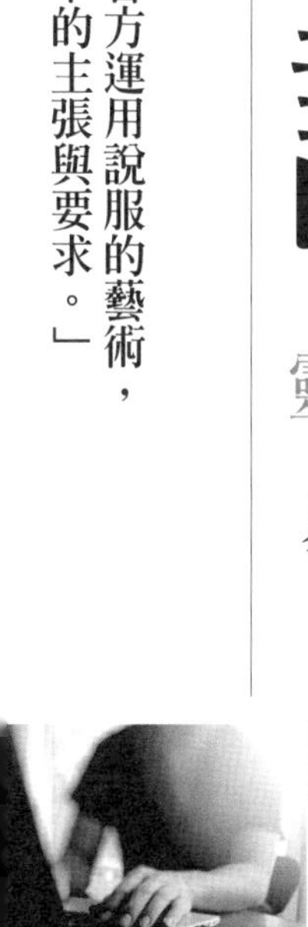

THE ART OF COMMUNICATION

談判是爲了讓自己謀求更大利益，舉凡交涉、說服、推銷、討價還價，都必須用到談判技巧。越懂得如何談判，就越有勝算！在商業談判場合，口才好，懂得靈活運用說話策略，又能適時看穿對方心理，就能在交涉磋商之時立於不敗之地，談成更多生意。相對的，若是口才欠佳，不懂得該如何說話，又摸不清不對手的心理，便註定要屈居下風，落入處處挨打的窘境。

•出版序•

活用說話謀略，才是談判最高智慧

和對手談判之前，必須摸清對方心理，分析雙方情勢，設想對方可能提出的問題和反駁的理由，預設談判可能的結果。

普林斯頓大學教授哈洛德·伯勞特曾說：「談判是指對立的各方運用說服的藝術，調停彼此間僵持不下的主張與要求。」

談判的目的是爲了替自己謀求更大利益，在商業談判場合，口才好，懂得靈活運用說話策略，又能適時看穿對方心理，就可以在交涉磋商之時立於不敗之地，談成更多生意。

相對的，若是口才欠佳，不懂得該如何說話，又摸不清不對手的心理，便註定要屈居下風，落入處處挨打的窘境。

廣義而言，「談判」就是讓不同立場或不同利益達成一致的過程，舉凡交涉、說服、討價還價……都可以視爲談判。

我們每天都在和別人談判，越會談判，就越有勝算！談判過程包含了彼此意見的交換、討論，更包含了策略和技巧的運用，說話的方式不同，造成的結果也迴然不同。也因此，許多專家都強調，談判是相當複雜的互動與交涉過程，同時也是鬥智鬥謀的較量。

面對不同的景況和不同的交談對象，運用最正確的說話態度和語言技巧，往往可以幫助我們快速達成目的。相反的，如果無法掌握談判之時應有的說話藝術，非但浪費唇舌，無法達成自己想要的目的，還可能造成彼此誤解，導致不歡而散。

而談判的成敗，和「口才」好壞密切相關。

口才是經商的武器，說得更明白一些，沒有過人口才，絕對無法闖出一番成績、打出一片天地。口才好的人，可以在談判中如魚得水，抓住稍縱即逝的商機，把小生意談成驚人的大買賣。反之，若是口才不好，就注定只能在談判中一路吃虧挨打，被對手玩弄於掌心。

在競爭激烈的商場，優秀的語言表達能力所產生的影響，遠比想像更大。如果有人要奪走一名出色商人的所有財富與能力，只留下一樣，可以想見這位商人一定會選擇將口才留下。因爲，有了它，什麼都可以重頭累積，失去它，必定會把經商的其他所得一併失去。

假如你是一名懷有理想，期望奪得市場的商人，參與談判時，難道不希望事前便把一切可能發生的狀況設想清楚，用好整以暇的悠閒態度應對？難道不希望於談判一開始便佔盡先機？難道不希望屈居劣勢時找出反敗爲勝的方法？難道不希望即便談判不成，也讓彼此留下美好印象，爲將來可能的合作鋪路，預先爭取商機？

答案都是肯定的吧！那麼，你更不能輕忽談判口才的重要。

知名的鐵血宰相俾斯麥曾說：「即便彈無虛發，也抵不過銳利如刀的辯才。」

一句話便明晰且生動地彰顯了言語的力量，其實遠在其他武器之上。

經濟學家凱因斯則強調說：「在不合理的世界中，沒有比合理的談判策略更要人命。」

談判是相當複雜的互動與交涉過程，同時也是鬥智鬥謀的較量。和對手談判之前，必須摸清對方心理，分析雙方情勢，設想對方可能提出的問題和反駁的理由，預設談判可能的結果。

說話的最高藝術不在於你說了什麼，而在於怎麼把話說得更加巧妙。面對不同的狀況和不同的交談對象，運用最正確的說話策略和語言技巧，往往可以幫助自己快速達成目的，獲得最大利益。

培養自己的談判口才，其實就從小技巧的訓練開始，翻開本書，哪怕是現學現賣，你都會驚喜地發現自己的言談技巧已經再上一層樓。

PART 3 從需求下手，更容易得手

成功的商談要從對方的需求點著手切入，給予肯定或者滿足，如此有助於降低戒心，拉近彼此的距離。

PART 4 猛攻不見得管用

當對手怒火中燒時，請千萬先停下自己的攻勢，替他們找一個可以發洩的出氣孔，等氣頭過去、一切冷靜後再談。

PART 5 發揮語言功效，首重對症下藥

斟酌對手身分與實際進展狀況，使用外交、軍事、法律與文學語言，可以有效從弱點切入，讓談判的進行更順利。

PART 6 做好準備，不錯失任何機會

在談判前先進行「預演」、「彩排」，假戲真做，當成「重頭戲」來唱，能有效提升己方的臨場反應速度與能力。

PART 7 以氣勢換取優勢

氣勢與談判結果的勝負是相輔相成的，一旦在氣勢上取得優勢，談判局面自然而然將跟著自己的方向走。

PART 8 看狀況說話，別把場面搞砸

無論面對怎樣的對手，都以小心為妙，談判桌上情勢變化快速，不慎說錯一句話、一個字都能導致嚴重後果。

PART 9 談判之前先進行沙盤推演

不要太注意細節，而應從整體或全域為出發點，不管前景有否障礙，都要建立正確的戰略戰術，以獲取有利的結果。

PART 10 讓步要讓得有價值

做出任何讓步時，必須顯得異常勉強，並盡可能得到較大的回報，至少不能比讓出的少。而且要使對方感覺到，這是你能做出的最大讓步。

PART 11 使出渾身解數，才能取得優勢

你必須具有老狐狸的「陰險狡詐」智慧，學會見招拆招、縱橫捭闔的高超本領，方能成為談判桌上的高手。

PART 12

運用決斷力贏得先機

減少周邊服務專案進一步減價，卻通融了他的費用，洛桑運用這樣一種又好又平衡的方法，既少付了錢，又使對方感覺良好，能不稱絕嗎？

輯 1.

用恰當的方法，說恰當的話

一個稱職談判者的高明之處，就在於能夠衡量現實情況，妥善組織言語，用恰當的方法說恰當的話。

提升素質，從正確認知開始

鍛鍊並提升談判智能之前，必須先建立正確觀念，如此將有助於找出明確方向，縮短在路途中摸索碰壁的時間。

活在社會，免不了要就許多問題與需求和他人互動，溝通過程可能順遂，也可能會因爲有相當歧見難以達成共識。此時，就必須依賴「談判」，謀求一個雙方都能接受的合理解決方案。

談判，並不僅僅是雙方意見的交換、討論這麼簡單，其中更包含了策略的運用、智謀的攻防，還極有可能直接決定一門生意或一個組織的生死成敗。

所以，想要在商場上順利發展，攻克橫阻眼前的難關，得從提升自身素質著手，增進談判的相關技巧。

素質的提升，應從對談判的正確認識開始。

以下便是成爲「談判高手」之前，必須奠定的基礎觀念：

●具有正確健康的談判意識

談判意識應當是健康、正向而且積極的，目的在以正當競爭手段達到存異趨同的目標。凡是想在談判中「出口氣」、「出風頭」，試圖將對方置於死地而後快的潛意識，都不符合談判眞諦，當然，懷著這種思想的人也不可能成爲眞正優秀的談判高手。

●具有豐富的社會經驗和廣泛的理論知識

談判是各項知識和經驗的綜合運用，過程極爲複雜、微妙，有時開門見山，有時卻聲東擊西、拐彎抹角，藉著與主題看似毫不相干的言語「兜圈子」、「擺迷陣」。因此，只有深諳世故、知識淵博的高手，才能不辱使命，全身而退。

• 具有善於思索、精於判斷、洞察秋毫的能力

善於思索是談判參與者應該具備的最基本要素，而認識、判斷事物的準確度，則是談判能手不可或缺的本領。談判過程充滿各種始料不及的問題和假象，需要參與者不斷認識、思考、判斷、觀察、分析和綜合，以便隨時根據新情況、新問題，調整自己的談判方案。

• 敢於冒險，積極進取，絕不得寸進尺

敢於冒險，是力量和勇氣的象徵，對談判者來說尤爲重要。

知名律師傑勒德·尼爾倫伯格認爲：「如果一個人非得要先肯定這是最好的辦法或唯一的辦法，才敢做出決斷，將不可能憑藉富創造性的方法去克服、解決任何問題。」

許多人之所以喪失成功機會，往往源於自身的過分審愼。對一個談判參與主導者來說，越是敢於冒險，敢於面對並承擔責任，爲避免失敗而積極進取，就越具有力量。

但得釐清一個觀念，冒險進取所期望達成的目標，絕不應該解釋爲永無止境的貪得無饜，也就是說，談判利益不可全爲一方獨佔。確實，勇敢的進取冒險精神增大了成功的可能性，但仍須控制在一定限度內。

●機智幽默，隨機應變

談判，說穿了就是求同存異的過程，但過程可能極爲複雜艱鉅，因爲無論人的情緒、思路或客觀情況，都是瞬息萬變的。因此，相對要求從事談判的人在任何情況、任何條件下，都能敏捷反應，並彈性運用「敵變我變」、「以不變應萬變」兩大守則。

●禮讓溫存，胸懷坦蕩

談判參與者要展現出大家風範、君子胸懷，做到舉止坦誠，並保持格調高雅，彬彬有禮，和藹待人，才能在談判展開之先，營造出和平友好的合作氣氛。不要事事計較，不要苛求於人，更別對別人的暫時誤解耿耿於懷。

• 穩健，富有耐心與恆心

只有態度穩健、持重的人，才能擔當起談判重任。事實上，談判的艱鉅性，絕不亞於其他事務。許多重大艱難的談判，都不是一輪、兩輪就能夠完成，如果參與者沒有堅韌不拔、忍耐持久的恆心和泰然自若的精神，將難以適應拉鋸式的僵局，更別說是抓住「最後五分鐘」的轉機了。

一位知名的談判高手便曾經告誡後進說：「絕不輕言放棄，即便對方連續說出了七個『不』。」

而哲學思想家法蘭西斯．培根也在《談判論》一文中指出：「艱難的談判過程中，不可存一蹴而及思想，唯徐而圖之，以待瓜熟蒂落。」

• 巧言善辯，思維嚴密

談判是思想觀點的交流，借助語言傳遞並完成，富思辯力的大腦和伶俐口才可以說是應具備的基本能力。

在談判桌前，無論交流過程是和風細雨抑或聲色俱厲，都要求談判參與者以嚴密的邏輯思維和雄辯的言詞應對。

●剛毅、果斷，勇於承擔責任

勇於承擔責任的人，才能勝任談判工作，並致力創新。由於談判參與者必須對後果負責，因而在面對重大責任或緊要關頭，必須做到剛毅、果斷，勇於決策，而非優柔寡斷，退縮迴避。

一個遇事驚慌失措，不敢提問題或不敢回答別人的疑問的參與者，能使談判順利進行下去嗎？答案絕對是否定的。

●認真細緻的工作態度

談判，特別是較爲正規的談判，要求參與者以嚴肅認眞、一絲不苟的態度對待。身爲嚴肅認眞的談判者，應該建立檔案，並在談判進行中，隨時擬好備忘錄，使己方工作在規範化、程式化的軌道上有條不紊地進行。

畢竟，古今中外已經有數不清的例證告訴我們，談判就如同高手對弈，稍有疏忽，就可能導致全盤慘敗的下場。

鍛鍊並提升談判智能之前，必須先建立正確觀念，如此將有助於找出明確方向，有效縮短在路途中摸索碰壁的時間，往「談判高手」的大道前進。

別小看專注技巧的重要

有效培育、增進自身專注技巧，將有助於談判更快速、有利進行，雖只是幾個小動作，效果將超乎預期。

談判對話進行過程中，不僅要確實做到精神集中，也要讓人感覺出自己的專注，因此，「專注技巧」的發揮十分重要。

「專注技巧」一詞，是指透過肢體語言向講話者傳遞「我在注意傾聽」的意念，不論面對是一對一談話或小組討論。

專注技巧的要點基本上大同小異，但會隨著民族、文化、國情的差異而有些許不同。想提升技巧，基本上可由以下四個面向著手：

•參與的姿勢

參與的姿勢應給人放鬆且清醒的感覺。爲了保持坦然直率，手臂避免交叉，不要讓全身僵硬不動，而是隨著說話者做出反應。

坐著的時候，要面對說話者，身體略向前傾。有一個簡單易行的非口頭技巧，可以明確表現出自己的興趣，就是隨說話者的姿勢調整自己的姿勢。

•距離

無論坐或站，都要與說話者保持一定距離，既不要太近，也不要太遠。

文化專家愛德華·豪曾提出一個發現，認定在歐美文化裡，十八英吋到四英呎（一英吋約可換算為二·五四公分）屬於「個人空間」，零到十八英吋則是「親密空間」。

不過，這只是一般原則，而且主要根據歐美文化，未必適用於東方社會，僅供參考。判斷距離恰當與否的最好辦法，還是要看談話者的感受，如果他向後退，說明你離得太近了；如果他向前傾，則代表你離得太遠。

坐著談話的時候，應記住，位在桌子上首的人具有一定的權力，同坐一邊被認爲是合作，隔桌而坐被認爲是競爭。一對一的情況下，不要坐得或站得比說話者更高，以表示禮貌。

●目光交流

目光是一種傳達感情、表示興趣的好媒介。

應柔和地注視說話者，偶爾適度地移開視線。千萬不要無表情地瞪視、長時間緊盯著不放，或者不斷瞟向他處，閱讀、看手錶也是相當不禮貌的。

●消除障礙

爲了集中注意力，要努力消除任何導致分心的可能，如果在辦公室，可以把電話掛上、關起門，並從桌子後面走出來；在小組交流時，可以走到講台前面，而不是只待在座位上。

此外，避免從事其他可能分心的事情，如心不在焉地亂寫亂畫、轉動鉛筆，把紙張推來移去或不安地擺弄眼鏡、戒指、輔助圖片、提示卡……等等。

談判時不僅要做到專注，更要讓對手察覺到自己的專注。有效培育、增進自身專注技巧，並完善地表達出來，將有助於談判更快速、有利進行，雖只是幾個小動作，效果將超乎預期。

言詞準確，才能一針見血

語言文字產生的用意，就在於傳遞思想感情，與其模糊偏頗，不如提升準確性，以一針見血地達成目的。

語言表達能力可能導致的影響，絕對不容小覷，談判中的語言文字運用尤其必須嚴密準確，即使口頭用語也要層次分明。

因此，想要成爲一位「談判高手」，必須嚴格要求自己準確地透過語言表達思想和眞正的意思。

歷史上不乏苦心用詞的前例，例如杜甫曾有詩云：「吟安一個字，撚斷數根鬚」，賈島的「推」、「敲」，王安石「春風又綠江南岸」的「綠」字等，都是因

追求用詞準確、生動而受到稱頌，成爲千古佳話。

有時，用好一個字，可以收到點石成金、扭轉局面的成效。

曾有位消費者向媒體投訴，批評某家知名餐廳的牛排份量不足，有偷工減料、損害消費者權益的嫌疑。媒體收到後，請餐廳提出解釋，該餐廳回覆是這樣的：「根據對牛排份量不足的批評，我們立刻展開調查並進行檢討，發現前一段時間，因爲工作疏失，牛排確實有份量不準的現象……」

以「不準」來回答「不足」，眞是恰到好處。

份量不足意味著餐廳有意騙人，而「不準」卻單純源於工作馬虎，可能少給，也很有可能多給。

更動一個字，名聲就好聽多了。

史達林對語言的準確性非常講究，他在《蘇聯社會主義經濟問題》一書中，談到政治經濟學教科書中的未定稿時，指出應成立一個人數不多的委員會，其中最好「包括一位有相當經驗的法學家，以檢查措詞的確切性」。

他之所以點名要法學家爲文字的準確性把關，就在於法學家規範文書最講究嚴密和準確性，例如「撫養」、「扶養」、「贍養」這些詞語的法律概念，儘管都等同於「養活」，但各自又表述了特定內容以及權利和義務的關係。

在談判桌上準確地使用語言，不僅可以完整表述自己的意思，也可以使對方正確理解，避免誤會產生。

當然，也有些時候，語言必須運用得含蓄、婉轉，不過這屬於特殊情況下的需要，另當別論。

避免使用歧義詞及生僻辭彙，是商業談判的一項基本要求。談判過程中，特別是書面語的運用，字詞必須明確，避免產生歧義，因爲這會導致雙方各持己見，形成分歧，影響談判的效果。

現代談判多以合作和共同獲利爲目的，必然要求語言的準確性，否則一旦導致糾紛，便會造成是非難辨、責任不清的局面。

此外，談判過程中，還應儘量避免使用生僻難懂的語彙和縮語。

例如，曾有某公司與他人簽訂聯營合約時，將自家公司名稱簡寫，結果日後雙方發生爭執，該公司根據合約一狀告上法院，才發覺因爲當時的一個不留意，造成法院審理作業上很大的認知困難。

或許動機只是爲圖一時便利，但在談判書面檔案中濫用縮寫和生僻辭彙，確實極有可能帶來意想不到的麻煩。

語言文字產生的用意，就在於傳遞思想感情，因此，與其模糊偏頗，不如提升準確性，以一針見血地達成目的。

一位高明的談判高手，必須準確拿捏，讓說出的每一個字都達到目的。

活用修辭就是最好的修飾

只要稍微變換一下說法，就可以收到完全相反的效果。凡是巧妙運用語言表達自身意圖的方法，都能稱為藝術。

談判藝術，主要表現在語言運用技巧上。

談判語言的選擇是一門學問，不僅應當準確、嚴密，而且還要生動、鮮明、具體、富感染力。

如果能運用積極的、具藝術性的修辭方法，就能使談判語言產生打動人心的力量，猶如一首好詩或好歌。

一七八九年，法國大革命爆發，一支最初不過由五百人組成的義勇軍一路高唱《馬賽曲》，從馬賽攻向巴黎。歌詞中鏗鏘有力的戰鬥口號，頗有奪人的力量，很快便傳遍法國大地。法國民衆在歌聲的感召下，激發起革命意識，同仇敵愾，勢如破竹地推翻了波旁王朝。

可以說，這就是將語言運用到極致後產生的力量。

談判人員進行所有工作的目的，就在於期望對方接受己方的觀點，答應己方的要求，但是，該如何表述才易被人接受，並願意加以滿足呢？

這當然需要借助語言的藝術，因爲同樣的一句話，從不同的角度去講，極有可能造成截然不同的效果。

以下這則小故事，便是最好例證。

一位修士詢問主教：「祈禱的時候，可以抽煙嗎？」

主教一聽，當場大動肝火，指責他不夠虔誠，竟然連在祈禱這樣神聖的時刻也忘不了抽煙。

過了幾天，另一位有煙癮的修士也想在祈禱的時候抽煙，但想起前車之鑑，便換了個方式請示：「抽煙的時候，可以祈禱嗎？」

主教聽後，不僅欣然應允，而且大為讚賞，說他連抽煙的時候都不忘記祈禱，實在非常虔誠。

你看出故事中的「學問」了嗎？

明明是相同的要求，但只要稍微變換一下說法，就可以收到完全相反的效果。凡是巧妙運用語言表達自身意圖的方法，都能稱爲藝術。

語言藝術確有點石成金的功效，一旦能夠精確掌握，將可幫助談判人員，在談判桌上奪取更大的勝算與利益。

不過，雖說語言是人類交流思想的主要傳達工具，卻不是唯一工具，因爲思維形式既可以透過「言傳」，也可以憑藉「意會」。

「意會式」思維是借助動作、神態表情達意的方式。談判實例證明，某些時刻，「沉默」比言語更能眞實傳遞某種「資訊」，也更具有迷惑性，是值得談判人員採用的謀略表現。

所以，巧妙憑藉動作、神態等「肢體語言」表達思想，是談判者又一項必須具備、不可缺少的技巧。

談判是相當複雜的資訊處理與交涉過程，也是鬥智鬥謀的較量。有時，爲了探試、迷惑或者回駁對方，一言不發的「沉默」比咄咄逼人更有價值。含蓄而巧妙的動作、神態，便足以傳達自己的思想，實現自己的意圖，這就是「意會式」思維的奇妙作用。

具體的談判實務活動中，謀略唯一目的就在傳達思想內容，該運用「言傳」或者「意會」，取決於是否更有利於謀略的實施，千萬不可機械性地套用，以致於弄巧成拙，得不償失。

用恰當的方法，說恰當的話

一個稱職談判者，高明之處就在於能夠衡量現實情況，妥善組織言語，用恰當的方法說恰當的話。

商談的基本目的在於表達思想感情，然後更進一步達成自己的計劃，因此，爲了增強談判的語言藝術感，提高說服力，必須熟練商談句式的選用。

較常出現的談判用語，可依句型概略地分爲三大類：主動句式、被動句式、術語，各有不同的象徵意義與適用時機。

・何時選用主動句式

若希望避免冗長囉嗦、過於正式，並期望明確釐清責任、節省時間，就是使用

主動句的最佳時機。

主動句通常較短，使用的辭彙也較少，因此聽來不那麼正式。採用主動句，可以清楚顯示責任所在，以及究竟是誰必須完成某一項任務。

也由於主動句短而清楚，能有效幫助閱讀者或聽衆用更快的速度接收訊息。

•何時選用被動句式

既然接收者需要花更長的時間閱讀，最好儘量少用被動句，除非有充分理由且無須擔心導致誤解——不用突出主體，也不必強調職責，僅是做爲過渡。

•何時選用術語

無論在任何一個領域，都有獨特的「術語」。

簡單來說，術語就是與某特定領域相關的專業名詞，每種職業都有屬於自己的術語。因此，當一件事情或者一種現象發生時，你可能聽不懂經濟學家或律師的解釋，這不是因爲理解力不好，而是因爲他們使用了太多的專業術語。

談判進行中，應當如何斟酌術語的使用程度？

若對方同爲業內人士，或者確定能在不影響理解的情況下達到節省時間目的，那麼術語的使用就是合適的。

但如果是以複雜的方式來說明原本相當簡單的事情，就應避免。爲了減少一切誤解與時間、金錢的浪費，無須用術語將事情複雜化。

更何況，如果不能完全理解，專業術語的過度運用可能會使人感到挫折，從而產生被排斥甚至是被輕視的負面感覺，有害無益。

說話的方法與技巧有很多，能組合出不同的內容，以滿足不同情境和需求。一個稱職談判者的高明之處，就在於能夠衡量現實情況，妥善組織言語，用恰當的方法，說恰當的話。

不想被欺壓，請練就鐵嘴鋼牙

談判時可能發生的狀況有千百種，即便事先進行充分的準備，也未必就能讓一切如預想那般順利進行。

商業談判過程中，最無情的對手，往往正是最厲害的對手。對於自身權益，尤其是原則問題，絕對不能給對方半點可乘之機，因此，有志於成爲「談判高手」者，必須練就良好的口才和素質，以應付談判過程中不斷冒出的威脅挑戰。

下列談判致勝四十四條原則，是訪問並統整許多成功人士多年經驗後得出的總結，非常值得商界人士學習並加以利用。

1. 不要因為情面而在談判中讓步。

2. 談生意，不能光講良心或交情，必須步步為營。
3. 談判成功與否，往往取決於誠意。
4. 不要把「隨機應變」的作用估計得過高。
5. 凡事謹慎，避免被對方的心理威懾嚇倒。
6. 莫把「心理戰術」的作用無限誇大。
7. 不要總到對方的地盤去談，忽視地主優勢的影響。
8. 別以為一味誇耀自己的企業、自家的產品，就能使談判成功。
9. 就事論事，不可向對方炫耀自己的職位、職務、職稱。
10. 不要被對方的企業規模或對手職位壓倒。
11. 不應當在對方興高采烈時給予冷酷無情的否定，即便必須拒絕，也要審慎選擇合適的時機。
12. 表示拒絕時，不要繞彎子，注意保持坦誠、直率、尊重。
13. 要以理說服，不要以力壓服。
14. 無論雙方條件與實力相差多大，都不可使用輕蔑的語言。

15. 任何一方面的自吹自擂都是不適宜的。
16. 不該自傲，也無須自卑。
17. 不要在過程中自動放棄主動權。
18. 無論情況多麼惡劣，都要保持冷靜，深思熟慮之後再下決定。
19. 無須寸利必奪、寸土必爭，該放棄的就要果敢放棄。
20. 不要只「達理」而不「通情」，應同時注意情感的交流和相互理解。
21. 「店大欺客」是不道德的行為，不利於談判或經營，更有損自身聲譽。
22. 談判過程不可意氣用事，更不能有情緒化表現，一定要保持理性。
23. 對於談判中的「僵局」，不可用強硬的方法化解。
24. 以兼顧雙方利益為原則，不以損害對方利益為滿足。
25. 即便是對手，依然可以合作。
26. 談判過程中，要有必要的忍耐。
27. 該拒絕的就加以拒絕，不要輕忽拖延。
28. 談判時，不要有厭煩、急躁等情緒。

29. 避免離題太遠，以致於模糊焦點。
30. 即便對方提出自己沒有準備的問題，也不要驚慌失措。
31. 在對手指出自身所屬企業、團體的弊端時，不要惱羞成怒。
32. 記住「挑剔是買主」，就是因為有興趣，才會多加挑剔、刁難。
33. 買賣不成仁義在」，不要把場面搞得太難堪。
34. 別把話說得太絕，這對彼此都沒有好處。
35. 當對方提出批評，務必加以釐清、解釋。
36. 即便對手不講理，也不要「以其人之道還治其人之身」。
37. 「理直氣和」比「理直氣壯」來得好。
38. 在過程中遭到拒絕，不要沮喪。
39. 別一味滔滔不絕，完全不給對方說話的機會。
40. 談判中，要注意語言的明確、簡潔。
41. 疑惑產生時，要有勇氣說「我不了解」。
42. 在真正了解狀況以前，要敢於繼續說「我仍不了解」。

43. 堅持所有事情都必須逐項討論。

44. 若有人存心攪和，千萬不要讓他得逞，大可以用自己的方法維持討論的進行，並讓所有人聽清你的理由、堅持與要求。

談判時可能發生的狀況有千百種，即便事先進行充分的準備，也未必就能讓一切如預想那般順利進行。

無論你是正要踏上談判桌的菜鳥，或已經具有經驗的老手，都該以這四十四條原則爲規準，才能確保自身立足點，進而求取勝利。

輯 2.

從弱點下手，就能動搖對手

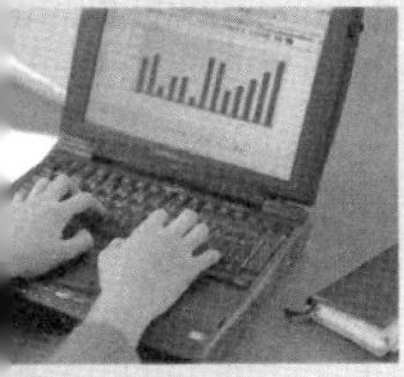

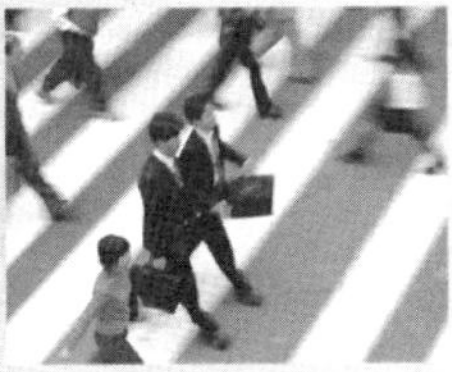

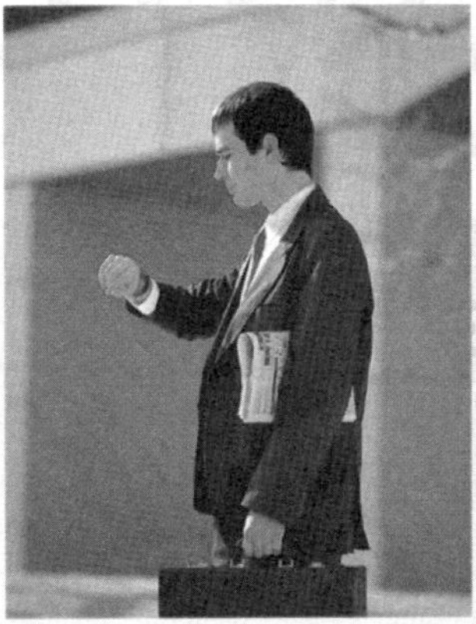

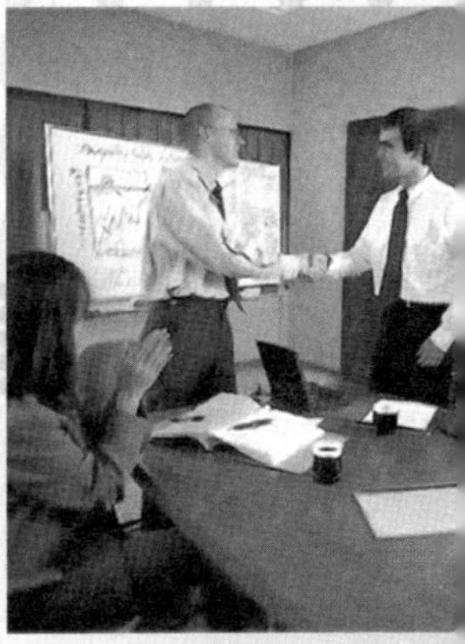

從人性弱點下手，滅他人威風，無須疾言厲色便能得到勝利，這就是「情感式談判」的威力。

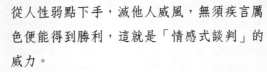

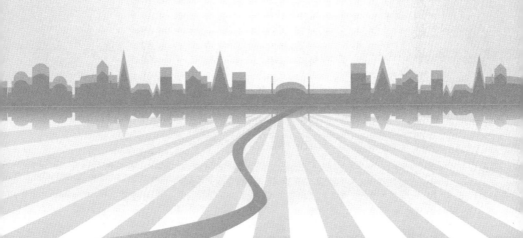

運用技巧，就能把話說好

懂得運用技巧，就能把話說好，把話說好正是於談判中贏得勝利的必備條件之一，千萬不可忽視。

使談判圓滿成功的決定性因素，在於說服對方接受自己的合理建議或正確觀點。因此，不能僅憑藉毫無技巧的口語溝通，而要讓自己的言語具藝術性，展現出具水準的論辯技巧。

• 提出分析，克服「心理定勢」

「心理定勢」是心理學中的名詞，在演講藝術的研究中運用較多，對談判過程足以產生的影響也相當大，具有相當的研究價值。

所謂心理定勢，是一種客觀存在、固定看待問題的心理狀態，一旦形成，將會直接決定日後同類型心理活動的趨勢。當人產生一定方向的心理定勢後，便容易發現並注意那些與定勢產生聯繫的事物和現象。同理，凡是與定勢毫無關係、沒有意義的事物和現象，便被忽略。

從談判學角度出發，研究心理定勢原理並加以利用，可得出以下四點：

一、大量實驗研究的結果證明，單純地通報某種資訊，或不加解釋地描述某些事實，無法改變資訊接受者的定勢、定向。

甚至可說，這種傳播的唯一效應，是使接受者的定勢和信念更加強。

接受者往往忽視與自身信念、觀點矛盾的事實，或者根本否定這些事實的價值，認爲它們存有偏見，不具代表性。

因此，談判過程中，談判者應將自己的提案、建議、觀點儘量做詳細的解釋，並指出雙方已經取得共識的一致處。

相較於強調差異，聲明彼此處境的相同將更能爲對方接受。

二、觀點和建議的提出順序，對聽者的心理定勢也有很大影響。綜觀整個討論過程，頭、尾部分的影響與印象絕對要比中間部分大，先討論的觀點、議題也會比後討論的觀點、議題形成更大的心理定勢。因此，應針對談判的開頭和結尾投注較大力氣，以爭取較好的談判氣氛並提高效率，同時有效吸引對方對自己的更大注意。

此外，談判開始進行後，應力求先討論較好解決的問題，然後再討論容易引起爭論的問題。假如同時有兩個資訊要傳遞，其中一個較符合對方心意，另外一個恰好相反，則應該先讓他知道較能投合心意者，才不至於過早影響情緒，阻礙談判的順利進行。

三、由於心理定勢的作用，一般來說，聽者對於接近自身立場的觀點，常常以爲比實際更貼近，甚至完全相同；對那些與自身立場有所差異的觀點，評價則往往比實際更低，導致距離更大、歧異更深。聽者所持觀點越是極端，就越不能夠接受與自身歧異的不同意見。

因此，談判者應在闡述論點和提議時，反覆強調或暗示自己與對方的一致，並引用一些有利的例子解釋。必要時，不妨肯定對方需求中合理的部分，強化心理定勢，使感覺到雙方正走向一致，促進達成共識。

四、由於心理定勢，人們普遍比較容易接受自己了解或者喜歡的人的論點，而對於討厭的人提出的論點，往往不加思索地排斥。因此，談判展開前，應儘量選擇對方認爲可以信賴的人作爲代表，必要時還可請「中間人」參加，以協調並緩和談判氣氛。

談判中，還應根據形勢，透過「休會」策略適當更換談判代表，以避免因爲代表應對不慎、態度不適宜而造成的裂痕擴大。

• 準確表達思想，避免誤解

談判是雙方資訊交流、溝通的過程，最基本要求就是準確無誤。爲此，下列五點應注意達成：

1. 語句完整，不要掐頭去尾或隨意省略句子的構成，也不能省略被動語態中的被動詞，以避免出現歧義。
2. 陳述自己的觀點、提案和要求時，儘量避免使用方言和文言文，當然也不要過份口語化，儘量慎重。
3. 留意同音字詞的使用。
4. 說話時要注意適當的停頓，若為書面語，則應借助標點把句子斷開，以便使內容更加具體、準確。口語交談中，有效運用停頓可以使言語更明白、動聽，減少誤解。
5. 少用話中有話的句子，任何意見都應明白表示，不要讓人感到你藏有絃外之音，除非真有必要。

懂得運用技巧，就能把話說好，把話說好正是於談判中贏得勝利的必備條件之一，無論是內容、句法、語調，都千萬不可忽視。

營造氣勢，從培養氣質開始

什麼樣的動作才具有特殊的吸引力呢？就是穩重的步伐、有力的握手、充滿自信的眼神、從容不迫的氣度。

想成爲談判高手必須留意，在談判過程中，要學會展現出自身獨特的氣質，這對情勢掌握與氣氛營造很有幫助。

一個正牌醫生和一個庸醫，前者蓬頭垢面，打扮邋遢，後者卻一身白淨，溫文儒雅，胸前還掛著聽診器。假設在毫不知情的狀況下，你會願意找誰看病呢？會對誰產生較大信任感呢？

答案太明顯了，不是嗎？

這個例子告訴我們，做什麼，就得像什麼。當醫生，就要有醫生的樣子，即使擁有資格與豐富經驗，如果沒有「醫生的樣子」，很可能會把初次上門的病人嚇跑。反之，就算是冒牌醫生，如果能裝出一副正經八百的樣子，不明就裡的顧客還是會上門。

除了語言溝通之外，非語言溝通也具有非常大的影響力。例如，我們往往會以服裝、頭銜、態度外表作爲評判一個人的標準，這種方式雖不甚理性客觀，但卻不可避免。

所以，談判時除了語言的溝通之外，對於非語言溝通的影響也不可等閒視之。如果你的服裝或頭銜具有吸引對方的力量，何不好好利用？事實證明，談判參與者的行爲舉止，將明顯影響他人的看法與態度。

你必定聽過別人這麼形容過一個人：「他做起事來就跟說話一樣，總是十分自信，好像一定會成功」、「我想她一定是對的。雖然很難形容，但是只要一站到她身邊，便讓人有安心的感覺」，凡此種種，意味著什麼呢？就是一個人的獨特風采和氣質。

有一種人，根本無須言語，只要靜靜地坐在或站在某處，便能給人一種特殊的感覺，並留下深刻印象，這就是「氣質」。

已故美國參謀總長，曾擔任國務卿與國防部長的馬歇爾將軍，正是一位具有獨特領袖氣質的人物。

據說，只要馬歇爾將軍一出現，必定成爲在場所有人士的注目焦點，每個人都禁不住被他那無形的威嚴、低沉穩定的語調深深吸引。

令人望而生畏、肅然起敬的無形力量，正是領袖氣質的展現。

法國皇帝拿破崙也具有領袖氣質，能夠讓每一個見到他的人屏氣凝神，不敢作聲，打從心中湧出一股難以言喻的敬畏。

非凡的領袖氣質與外貌漂亮與否往往並不相干，拿破崙身高不到一百六十公分，粗短矮壯；「印度聖雄」甘地瘦弱憔悴，其貌不揚；愛娃·羅斯福（第三十二屆美國總統夫人）經常抱怨自己長得不夠漂亮，個性又太保守內向，但是他們都克服了先天缺陷，成爲魅力十足的人物。

進一步探討，不難發現，談判者的獨特氣質，可以透過肢體的各種動作，如站姿和坐姿、走路的樣子、說話姿態或一顰一笑表現出來。

自然而毫不做作的動作所流露出的權威感，就像一條無形的繩子，牽引著對方，不自覺地深受吸引。

那麼，什麼樣的動作才具有特殊吸引力呢？很簡單，就是穩重的步伐、有力的握手、充滿自信的眼神、從容不迫的氣度。

這些都將使對方產生「與你認識，是我的光榮」的感覺，以及「與這個人談判，千萬不得無禮」的自我警惕。

一旦成功營造出如此氣質與氣勢，談判能力自然得以相應提升，往另一個更高等級邁進。

小心在非正式談判翻船

藉著非正式談判這座橋樑，雙方得以在較輕鬆的氣氛下溝通意見，針對瓶頸研究出確切可行的解決方法。

曾有學者在長期研究之後得出結論：當某項重大談判進行到最後階段，會期一般會變得較短，小組會議時間則相對拉長，而場外談判——也就是非正式談判同樣跟著頻繁起來。

不論正式談判或非正式談判，實際上都只是買賣雙方的意見交換。在非正式談判中，大家可以無拘無束地對話，談論雙方公司裡不合理的規章、家庭生活、偏高的物價和稅金等等。這些談話就像潤滑劑，可促進問題順利解決，同時有助於在非正式情況下評估對方的人格。

非正式談判還有一項常被忽略的好處——藉助它，雙方的幕後主持人得以私下交談。比方說，公司指派老張爲採購小組的負責人，但實際上卻由工程師小李執行，因爲小李對貨品的了解比老張豐富，能以更優惠的價錢洽購。在非正式談判場合，小李就能夠從容地出面商談，不至於牽扯到身份問題。

若正式談判觸礁，非正式的談判更是不可缺少。在會議桌上，實在難以啓齒求和，可是酒足飯飽之後，只要簡單幾句話，就能把妥協的態度全部表現出來。此外，爲了研究問題細節，一連串的社交活動也是必要的，正式與非正次談判並行，既能公私兼顧地解決問題，又不失面子。

任何一位優秀的談判者，都應深知並靈活運用正式和非正式談判的力量，但也別忘了事情必定有好壞兩面，因此也該了解非正式談判可能帶來的危險，同時採取相關措施預防：

1. 小心謹慎，不要洩漏己方的秘密。

2.別打著讓對方酒後吐真言的目的，也小心不要讓人灌醉，許多談判者的酒量都比一般人更好，千萬不要被對方唬住。

3.有些談判者非常希望得到別人的欣賞，因此在氣氛很好的時候，他們會變得非常慷慨。想想，自己是不是正好如此？

4.進行非正式談判的時候，要提高警覺，因為對方極有可能不是真心的，正盤算著放出虛假的消息蒙蔽你。

與其把非正式談判看作特例，倒不如認爲是不可或缺的必須，在談判過程中佔有極重要地位。藉著這座橋樑，雙方得以在較輕鬆的氣氛下溝通意見，了解彼此的要求，針對瓶頸研究出確切可行的解決方法。

並非大大小小所有事項都必須在會議桌上一一提出討論，全部擺在檯面上完成，身爲一個優秀的談判者，應該對此有正確認識。

從弱點下手，就能動搖對手

從人性弱點下手，滅他人威風，無須疾言厲色便能得到勝利，這就是「情感式談判」的威力。

顧名思義，所謂「情感式談判」，就是在談判中引入情感，動搖對手，提高面對難纏問題的勝算。

《讀者》雜誌曾刊登一篇報導，關於經紀人馬利加如何解決客戶雪萊的合約糾紛，正是對這個術語的最好說明。

雪萊是一名優秀的編劇，曾創作出許多精采的電影劇本。經紀人馬利加替他爭取到一份條件相當優渥的合約，凡售出的每張電影票都得以抽成，但是簽署合約的費爾德後來卻不願意支付費用，透過律師表示雪萊的稿件根本不符合「電影行業的標準」。

為了替雪萊爭取權益，馬利加開始著手調查這件案子，多方調查取證之後，逐漸對費爾德產生了解，發現他是一位很重視禮節、對自己的外表與風度都相當要求的人，自然也相當愛面子。

為此，馬利加很快擬定出一條計劃，約定繼續針對合約糾紛進行談判，地點選在義大利聖利摩的一家豪華飯店。

在飯店花園中見面並相互問候之後，原先表示不會到場的雪萊竟與沖沖地從人群中走過來。

費爾德見到他很是驚奇，立即習慣性地奔向他，親熱地擁抱，並大聲招呼：「雪萊，我的朋友！」

就在這時，馬利加插話道：「費爾德先生，我的客戶雪萊在履行合約方面，有什麼不對的地方嗎？」

費爾德當下露出猶豫不決的神色，向來以紳士形象自詡的他，怎麼能當面指責

「親密的朋友」呢？

看出對方的為難，馬利加很快又將問題重複一遍：「費爾德先生，請問雪萊先生在履行合約方面，有什麼不周到的地方嗎？可否請您趁著現在這個機會明確地指出來呢？」

騎虎難下的費爾德只好擠出微笑，看著馬利加，回答道：「雪萊不僅履行了合約中規定的一切義務，而且還表現得極出色，對本公司貢獻非常大。」

小插曲結束之後，談判很快就取得了結論——費爾德決定讓步，同意支付合約中寫明的一切收益。

馬利加的手段可能有些過分，但並非全無可取。誠然，他在解決問題時摻入了一些個人情感因素，但是，如果只懂得公事公辦、不知變通，事情處理起來必定沒有那麼順利，也未必能達到目的。

日本人是最善於運用親切態度的民族，可以說，個個都是親切好客的主人，只要商務談判的對象一踏上國土，他們會立刻以親切的態度迎接，務求展現善意，贏得對方讚賞。

想像一下，經過十三個小時以上長途飛行的折磨後，你所渴望的不外乎走進飯店好好地睡一覺，但一下飛機，便有一位眼睛有神、穿著整齊的年輕人，露出一副親切的笑臉走來迎接，表示已經安排了一個美妙的夜晚。他會說：「喔！不，已經全部都預訂好了，請務必賞光。」你必定不願意違背他的好意，只好打起精神一塊前往。

在歡迎的宴會上，你吃得太好，喝得太多，直到很晚才回到旅館。可是，第二天一早，談判者就來敲門了，是另外一位眼睛有神、穿著整齊、口齒伶俐的年輕人，準備開始和你一項一項地討價還價。

豐富的食物外加宿醉未醒，你的頭腦必定迷迷糊糊，再加上睡眠不足，精力自然不濟，因此注定失敗。處在這種情況下，即便原本是一個很高明的談判者，也只能屈居亞軍。

從人性弱點下手，首先滅他人威風，提高自身氣勢，無須疾言厲色便能得到勝利，這就是「情感式談判」的威力。凡是談判參與者，對此都應保持警醒，時時留意，以免在不經意間落入對方佈下的陷阱。

聰明運用你手中的權力

一般人容易受到慣例性與正統性權力的蒙蔽，喪失爭取權益的機會與勇氣，被過往經驗侷限，遭人牽著鼻子走。

太多的實際案例證明，成功的業務洽談或商業談判，都離不開權力的運用。因此，身爲一名高明的談判者，應學會運用權力。

以下，透過兩個不同角度來解析權力的運用：

• 運用慣例權力

絕大多數人相信在清楚標明售價的商店購物，不能夠討價還價，如果你問爲什麼，他們會回答：「因爲這是不二價的商店吧！」

因果推導，於是得出下面幾點結論：

1. 人們深信不能跟標明了售價的商店談判。
2. 所以，他們設法不跟標明了售價的商店談判。
3. 結果，他們無法跟標明了售價的商店談判，並相信自己的想法是對的，因為理所當然就該如此。

是否見過有人抱著試試看的心態去殺價呢？儘管「試試看」三個字本身就包含了失敗暗示，但仍有成功的可能，不是嗎？

因此，無論做任何一件事情，千萬別以為自己有限的經驗代表了絕對眞理，這是不可能的。與其自以爲是，不妨從經驗中跳出來，積極地檢驗假想，你將會吃驚地發現自己懷抱著許多錯誤觀念。

作爲一個談判者，本來就應該冒點風險，打破慣例，拿出強烈的自信心和對成功的渴求，向一切挑戰。

● 運用正統性權力

正統性權力來自感覺或想像的權威，經常由某種無生命物來代表，例如表格或印刷好的書面資料等。

一般情況下，人們傾向於相信並服從，不對正統性權力質疑。

現在，讓我們再回到商店標價的問題上。想像一下你正站在賣場中，看著一個標價四百八十九．九五美元的商品，儘管心動，卻買不下手。你敢不敢開口和店員交涉呢？儘管標價就像一種不可抗拒的權力，散發出無形的威脅，也不該如此輕易就被嚇倒。請堅定地告訴自己，無論處在任何情況、面對任何對手，都有進行談判的空間與可能性。

進行談判的雙方，手中必定都握有權力，決定勝負的標準往往不在於權力大小，而在於能否聰明運用。一般人容易受到慣例性與正統性權力的蒙蔽，喪失爭取權益的機會與勇氣，被過往經驗侷限，以致於讓人牽著鼻子走。

理解這一點，除了有助於避免落入同樣的困境，更可以幫助自己在談判桌上掌握更大優勢，摸透對手的心理。

「聽」出訊息的藏身之地

藉著毫不費力的動作捕捉自己需要的訊息，找出情報的藏身之地，才能發揮出聆聽的最大價值。

人際交往過程中，「聽」是一項相當重要的技巧。

把「聽」作爲一種技巧來介紹，所指並非當對方陳述自身要求、理由、觀點和提案時的敷衍、應付，而是強調應認眞聽懂，透過對方說話時的面部表情、肢體動作等象徵符號，研究內心活動。

談判過程中，「聽」和「說」的先後次序由許多因素決定，一般說來，主動尋找對方的一方先「說」，後者則先「聽」；如果有主客之分，則客方先「說」，主方先「聽」。

但這並不是規則，更不是定理，只是慣例，因此常常是有準備的一方「先發制人」，無準備的一方只好「受制於人」。

許多人都有一種錯誤觀念，認爲相較於「說」，「聽」顯得被動消極，無法發揮或達到任何影響。

事實並非如此，「聽」可以是積極、專心致志的，力求從對方的談論中獲得有價值資訊，揣測需要、尋找論據，理解言語隱藏的眞意和隱衷。

要做到這一點，首先必須具備傾聽的耐心。

聽的過程中，應當針對對方的發言做出反應，或稱反饋。這樣，無論從禮貌上還是談判手法上來說，都有助於建立融洽的氣氛。

反應有語言和非語言之分，通常說「我明白」、「我不理解」，都屬於語言的反應，點頭或搖頭則是非語言反應。國外還有不少專家把反應（或稱反饋）分成許多類型，如評價性、解釋性、支持性、探詢性……等等。

在聽的過程中打斷對方的話，一般被認定是相當不禮貌的行爲，但在談判過程中並不需要完全摒棄。

對方滔滔不絕地陳述理由或觀點時，常常有實質性的內容或可成爲自身論據的要點摻雜其中，但很可能因爲論述方法、表達能力、措辭含糊等因素使聽者忽略。這種情況下，「聽」的人應注意在「說」的人有明顯停頓或間隙之際，有禮貌地打斷對方。

比如說：「對不起，請原諒我打斷一下，您剛才的那句話，如果我沒有理解錯誤的話，是否是……的意思？」

這樣的打斷對聽者有利，不僅可以及時釐清自己的思路，準確把握住對方的思路或者弱點，有時還能提醒對方不要離題。當然，頻率絕不可過多。

在談判中做到專心致志傾聽並非易事，因爲避免不了阻撓因素的產生，例如把過多注意力集中在自己身上、聽者的心理成見、「說」者的語無倫次或者資訊本身障礙、環境的干擾等等。因此，談判者應有意識地排除干擾，力求明白無誤地理解對方想表達的眞義。

認眞傾聽的目的，在於眞正了解，但對於一個人或者一件事情的認知，僅憑「聽」還遠遠不夠，往往得和「看」相結合。透過對形體動作、姿態的觀察，結合陳述的聆聽，才能全面、正確地接收需要的訊息。

別再將「聽」定義爲消極活動了，藉毫不費力的動作捕捉自己需要的訊息，找出情報的藏身之地，才能發揮聆聽的最大價值。

輯 3.

從需求下手，更容易得手

成功的商談要從對方的需求點著手切入，給予肯定或者滿足，如此有助於降低戒心，拉近彼此的距離。

出其不意，施加心理壓力

談判不僅僅是言語的交鋒，更是智謀與膽識的較量，因此「以不變應萬變」是應付意料外轉變的最好策略。

出其不意，是指洽談手法、觀點或提案的突然改變，以造成洽談氣氛急劇且富戲劇性的重大變化。

以出其不意的策略製造令人驚奇的轉變，在短時間內震驚對手，形成心理壓力，以達到駕馭議程、取得主動地位的目的，已經被證實相當有效。許多談判專家都同意，使對手驚奇正是一種保持壓力的好方法。

想在談判過程中使人震驚，可採用的方法有：

•令人驚奇的問題

例如新要求、新包裝、新讓步、高明的戰略、談判地點的改變、對方的支持、風險改變，以及爭議的深度。

•令人驚奇的時間

例如截止的日期、短暫且極度壓縮的會期、速度的突然改變、驚人的耐心表現、徹夜甚至延至週末的商談。

•令人驚奇的行動

例如退出談判、推拖、放出煙幕、情感上突發的激動、不停地打岔、堅定的報復行爲、力量的展現。

•令人驚奇的資料

例如爭議的深度、特別規定、具有支援性的統計數字、極難回答的問題、出乎意料的答案、傳遞消息媒介物的改變。

•令人驚奇的表現

例如突發的憤怒、不信任、對於某些事項的言語抨擊。

• 令人驚奇的人物

例如買主或賣方的改換、新隊員的加入、舊成員的離開、高階主管的出現、性別或國籍出乎意料的談判者、缺席或遲到。

• 令人驚奇的地方

例如漂亮豪華的辦公室、坐起來感覺不舒服的椅子、沒有冷氣或暖氣的房間、有洞孔的牆壁、吵雜的地點、出入頻繁的大集會場等等。

但在運用這個策略時，必須了解一點，令人驚奇的事物雖然能吸引注意力，爲自己贏得優勢，同時也會製造出不信任和恐懼的氣氛，阻塞談判雙方意見的正常交流。這種策略絕對不是萬靈丹，不適合經常使用，必須審愼。

遇到令人驚奇的事物時，克服震驚的最好辦法，是讓自己充分地思考，將狀況與自身處境釐清。談判並不是宣戰或在法庭上打官司，沒有妥當的準備之前，最好不要貿然行動。

某些洽談中，也經常用這一類手法，即運用一個有明顯差距的備用提案來打亂先前的提案，甚至將原有共識一舉推翻，目的在使對方感到措手不及。想要取得「奇」的效果，拋出新提案的時間點，應選在對方對前一個提案進行仔細認眞研究，甚至是以爲已經足以拍板定案以後。

過往美國與前蘇聯進行核武或裁減軍備談判之時，便曾多次使用「出其不意」的招數。根據對相關案例的研究，可以發現，若談判對手突然使出「出其不意」手法，發動強烈攻擊，很可能基於以下兩種動機：

一、根本就不想成交，或者是感到時機不對，不具備理想條件。

二、對提案產生懷疑，或者認為進行得太過順利，因而想用「出奇不意」手法來測試你的反應，從而判斷自己是否在不知不覺間估錯了行情、吃了悶虧，並獲取重新洽談制定方案的機會。

若是面對第二種狀況，最好的辦法是保持沉著冷靜，盡可能地爭取時間，讓自己多聽、多看、多思考，並暫時休息。

談判不僅僅是言語的交鋒，更是智謀與膽識的較量，因此「以不變應萬變」是應付意料外轉變的最好策略。

激將或寵將，都是心智較量

在交易中運用「真誠讚美」策略時，一定要注意分寸的掌握，不能因稱讚而失去原則，變成一味吹捧。

談判局勢多變，勝敗很難說得準，如果發現己方地位居於劣勢，形勢較爲不利，便應放棄力拚，設法「智」取，軟化對方強硬的態度，使雙方力量與立場發生微妙變化，逐漸向自己這一邊靠攏。

• 堅定自己的立場

各抒己見是談判的基本法則，若產生歧異，有時可以稍做退讓，以求達成共識，寫入條款，有些時候則要堅持原則，毫不退讓，因爲立場不夠堅定會被認爲軟弱可欺，導致喪失尊嚴威信。

然而，一切還是必須視臨場實際情況彈性衡量，過分堅持己見會違反求大同存小異的談判原則。

談判雙方必定各有各的立場、觀點與看法，要使談判成功，就要尋求彼此都能接受的條件，以使問題得到解決，不然的話，談判就沒有任何意義。

堅持原則是對的，但仍然需傾聽對方的意見，堅持眞正重要的大原則，在小原則上做調整。唯有這樣，雙方才能談出共識，將問題解決，否則只是時間和力量的浪費。

●使用「激將法」

以話激對方，使對手感到堅持觀點和立場將直接損害自己的形象、自尊心和榮譽，進而動搖或改變所持態度，將有利於實現談判目標。

比如，賣方談判人可對買方談判人說：「誰是負責人？我要求與能眞正決定問題的人談判。」這句話等於直接貶低面前談判對手的權力，可以激起對方（尤其是年輕且資歷淺的參與者）要求「決定權」，使談起來更方便，從而達到有利於己的目標。

又如，買方談判人也可以用「激將法」，對賣方談判人說：「既然你有決定權，爲什麼不直接答覆我方的要求？難道你還需要請示？」

「激將法」運用起來較普遍，但應注意，「激」的策略，是用「語言」，而不是「態度」。因此，用語雖然要直接切入對方弱點，但態度仍須保持和氣友善，不可以激怒對方。

•使用「寵將法」

以好言切合或不切合實際地頌揚，以合適或不合適的禮物饋贈，使對方產生一種親切感與好感，從而放棄思想警戒，軟化態度和談判立場，使自身目標得以實現，即爲「寵將法」。

你必定看過別人使用「寵將法」，甚至親身領受或施行過。例如，爲他人戴高帽子，稱讚老年人「老當益壯」、「久經沙場」，讚美年輕人「年輕有爲」、「精明能幹」、「前途無量」……等等。以言語拉攏對方，減緩對方的進攻勢頭，就是標準的「寵將法」。

再例如，有的商人會主動贈送禮物給對方，然後要求做成有關買賣，好比時常有大企業捐款贊助地方政府某項活動或某個部門，以此要求承攬某項即將開包的重要工程。

統合商務交易和談判中累積的有效經驗，我們可以得出一個有效的方法——眞誠地讚美，以誠摯、不虛僞的態度加以讚揚，彰顯對方的重要性，能達到「立竿見影」的效果。

在交易中，對方往往會因爲受到讚揚和褒獎，感到心情愉快、神經興奮，因而容易表現得較平時更寬宏大量、豁達開朗，不至於在一些小問題上斤斤計較，爭執不休。

一位高中校長苦於無經費修繕校舍，多次向上級請示都毫無回應，不得已之下決定向當地一家知名商場的曹經理求援。

一次在某公眾場合見到曹經理，校長立即迎上前說：「經理您好，久聞大名。時常聽到教育界同仁對您的稱讚，實在欽佩！」

經理笑著說：「不敢當，不敢當。」

校長一見對方的表情，知道產生了效果，便進一步具體發揮：「曹經理，您真是遠見卓識，首創本市的教育基金會，對我們的幫助實在非常大。您這種回饋社會、紮根鄉土的精神，影響深遠……」

如此一席話，聽得曹經理滿心喜悅、神采飛揚。接著，校長話鋒一轉，感傷地訴說起了自己的「無能」和悔恨：「唉，要是大家都能像曹經理這樣，真心培育人才、支持教育事業，我也不至於感到捉襟見肘，為了幾萬塊經費四處求人、不斷碰壁了。」

聽到這裡，曹經理立即拍拍胸脯，慷慨地說：「校長，快別這樣講，幾萬塊錢不是問題，本商場可以資助。」

校長一聽，緊緊握住經理的手，由衷致謝。此時此刻，他深深體會到了將真誠讚美與「寵將法」結合的妙處。

在交易中運用「眞誠讚美」策略，一定要注意分寸的掌握，不能因稱讚而失去原則，變成一味吹捧，那樣不但達不到應有效果，還會適得其反，讓對方起疑心，產生戒備心理。

應當力求恰到好處，既突出優點，又確實做到有憑有據，讓對方在不知不覺順著你的話語，答應你提出的條件。

正因「寵將法」能有效軟化對方態度，因而與「激將法」同樣在談判中獲得廣泛運用，成爲心智較量的重要策略。

逼對手吃下煮好的「熟飯」

既成事實的力量，來自於眾人都有的一種觀念：已經造成的事實，很難再做任何更動。

兩國相爭之時，經常可見到較強的一方以武力直接佔有弱國的領土，擴大邊界，形成既成事實之後，再以高姿態提出談判。「既成事實」是外交上常用的談判戰術，應用在商業交易或是談判上，也有相當的效用。它的原則非常簡單，就是採取某些對方意料之外的行動，使自己處於有利地位。

「既成事實」並不能決定交易的完成，但可以影響最後結果。

一名聰明的律師告訴塑膠製造商一個控制價格的有效辦法，對方感到非常心動，馬上付諸實行，透過電話與電子郵件通知所有的客戶，告知價格即將上漲，漲幅約在五%。

幾天之後，這名製造商開始和每一位客戶談判，絕大多數都很高興地接受了少於五%的漲幅，還因爲以爲自己「賺到了」而慶幸不已。

看出其中的奧妙了嗎?這就是「既成事實」談判術的高明處。

這種行動能夠影響雙方原有的權力平衡，它的力量來自於衆人都有的一種觀念：已經造成的事實，很難再做任何更動。

通常，大部分侵略者都會說：「反正事情已經發生了，現在讓我們好好談一談吧！」這實在可以說是一種絕招，因爲生米已經煮成熟飯，別無選擇的情況之下，往往只得硬著頭皮吃下去。

但在談判過程中，採用先下手爲強策略，造就「既成事實」，然後逼人接受，是一種相當不道德的做法，會給人類似敲詐的不良印象，通常是強者用以欺負弱者的情況較多，因此在使用之前，必須多做考量。

休會也是一種求勝策略

別以為休會只是消極的逃避，事實上，它可以發揮相當的積極作用，讓你重新調整腳步，找出被打亂的節奏。

中止談判也叫作休會，有時又被稱爲會間休息。

這種策略的主要目的，是在洽談過程進行到一定階段或遇到某種障礙時，由雙方或一方提出幾分鐘的暫停，使彼此得到恢復體力並調整對策的空間，從而繼續推動洽談的進行。

英國學者斯科特認爲，面臨以下五種情況，最適合採用休會策略：

- 會談出現僵局時

在觀點有相當差異的情況下，如果雙方仍各持己見，互不妥協，會談難免陷入僵局。這時如果繼續進行，往往無所收益，有時甚至適得其反，導致過往的成果付諸東流，因此最明智的做法就是休會，讓雙方冷靜、客觀地重新分析形勢，及時調整策略。暫停之後再重開議局，氣氛將可望轉變，繼續向前發展。

- 會談某一階段接近尾聲時

在這時機休會，有利於雙方人員詳細分析、討論已達成的既定成果，並展望下一階段洽談的可能發展。

- 疑竇難解時

如果會談中出現了新情況，難以應付，便可找機會提出短暫休會建議，以研究、協調出相應對策。

- 洽談出現低潮時

洽談中，人的精力往往呈週期性變化，有高有低。若出現會談拖延、洽談人員精力不濟等狀況，最好稍事休息、養精蓄銳，以利再戰。

- 一方不滿現狀時

假如談判過程拖拖拉拉，效率很低，一方可以提出休會請求，短暫休整後再繼續會談，以改善原有的不良氣氛。

與會的任何一方都可以提出休會要求，但只有經過雙方同意才能發揮作用。那麼，該如何取得對方的同意呢？

首先，提議方必須把握適當時機，看準對方的態度變化。若對方同樣有休會需要，自然一拍即合，不會遭到阻礙。

其次，要清楚、委婉地講明需求。一般情況下，參與談判的人員多具有較高的學識與修養，對方提出了合理的休會要求，不至於斷然予以拒絕。

提出休會建議的時候，應注意以下幾個問題：一是明白無誤地讓對方知道自己的需要，二是商定休會的時間，三是避免因此衍生過多的新問題，一切都以解決眼下困境爲要。

休會期間，雙方談判人員應集中精力考慮某些問題，例如現在討論的事項取得哪些進展？還有哪些方面待深談？雙方的態度有何變化？是否應調整一下對策？下一步談些什麼？凡此種種，視情況而定。

簡單來說，可具體歸類爲以下數點：

1.審核指導方針是否切實可行，需不需要做某些更動？

2.討論的問題取得了哪些進展？還有什麼地方需要深談？

3.如何針對被對方抓住的把柄做補強？同理，對方是否暴露了一些問題，可成為自己進一步討價還價的憑據？

4.對方的態度有何變化？應否調整對策？

5.下一步談什麼？怎麼談？應不應該拋出些新提議？

別以爲休會只是消極的逃避，事實上，它可以發揮相當的積極作用，讓你重新調整腳步，找出被打亂的節奏。若能在休會期間進行充分準備，下一輪會談必將取得更大成效。

因此，談判人員應抓住每一次休會的機會，互通資訊，統一意見，視具體情況修正方向，重新部署新方案，以求立於不敗。

「作戲」讓言語更具威力

作戲之時，行為技巧的運用絕對不可過於生硬、刻意，要力求誇張卻自然而然，令人無法忽視。

談判不僅僅只是言語交鋒，肢體動作的溝通也相當重要。

概略地說，最常用的手部肢體動作有兩種狀態，一種是配合語言進行，即平時所講的手勢，另一種則需借助一些「道具」，有意擺出某些特定姿態或配合表情做出假動作，也可稱爲「作戲」。

借助道具，可加強、誇大自身聲勢，產生壓倒與征服的力量，但要注意控制動作，幅度和強度都不能過猛，更不可來得太突然，以免造成反效果。

表示不滿，可以突然停住手中正在寫字的筆，或合上筆記本，抬頭、鎖眉、睜眼，無聲盯住對方的臉和眼睛。若要再「明顯」一些，可以用雙手將桌子上的談判資料一推，或乾脆扭頭往別處看，重重吐一口氣，微微晃動腦袋，人往坐椅後一仰，雙腿搖動，雙手做整理資料動作等等。

以上幾種，都是可有效演出不滿「戲碼」的動作。

表示厭倦，可用筆在白紙上隨意書寫或塗鴉，雙眼不抬，顯示出對正在進行的一切毫不關心。若是女性，則可拿出隨身攜帶的化妝鏡檢查妝容，或攏攏頭髮、理理衣裙，做出準備結束的態勢。這些小動作都在示意對方：不要多說，我已經聽厭了，再繼續下去，恕不奉陪。

表示憤怒，可突然停住筆記，目光有神地盯對方一眼，將手中的筆一扔，甚至將所記錄的紙一撕，做深呼吸狀，把手上資料往一邊或桌前一摔，突然從坐位上站起身，擺出一副不能忍受、寧可離開的模樣。

表示關注、推敲和思考時，要保持以雙眼注視對方，手不停地書寫，像正在記錄對方所說的話。或者把筆和本子合攏，放在面前，稍作沉思狀，微微點頭。這些小動作雖簡單，卻能恰如其分地傳達出自己的興趣，對於對方所發表意見的重視，也可以是認眞思考的表現。

表示期望結束談判時，不妨刻意抬腕看手錶，若沒能馬上引起對方注意，不妨重複幾次。除了這一招，也可以套上筆蓋，合起筆記本，整理好自己的物品，抬眼無聲地看對方，刻意向助手使眼色或打手勢，起身離開會談場地，在走廊上抽煙、踱步。

這些動作都表達出同樣訊息：再繼續談下去已沒有意思，令人不耐煩，不如趁早結束吧！

行爲技巧的運用絕對不可過於生硬、刻意，要力求誇張卻自然而然，令人無法忽視。想要表演自如、不慍不火、不急不躁，得靠長期談判實踐過程的慢慢琢磨、錘鍊。因此，若有機會碰上善用動作與道具提升氣勢的談判高手，不妨加以細心觀察揣摩，以求提高自己的「作戲能力」。

扭轉劣勢，以言語抓住勝機

無論是買賣、談判，只要與商業領域相關，想要得到滿意成果，便多多少少都需要口才與策略兩相配合。

商場交際不比一般的日常交往，通常較爲複雜，變動競爭也大，因此需要運用許多技巧，例如討價還價、巧用感情、眞誠讚美、售後服務……等等。

透過下面實例，就可以了解談判與商場交際語言的眞諦。

有一位富翁是討價還價的高手，一回在紐約觀看節日慶典的遊行活動，趁機走進珠寶店，想要挑選禮物送給即將過生日的妻子。他看了一副耳環，但不是很滿意，於是問店員：「有沒有更漂亮一點的款式？項鍊也可以。」

店員當即拿出一條鑽石項鍊以及配套的耳環，總價高達三十七萬美元。

富翁看了相當喜歡，但又不想花那麼多錢，便裝模作樣地對店員說：「現在店裡沒其他客人，因此我無須為了炫耀身分或擔心別人看不起而買下它。第二，我也沒有其他非買不可的理由，而這條項鍊的定價也確實太高了些，恐怕再放上幾年時間也很難賣出去。這樣吧！我願意用二十二萬美元成交。」

店員馬上搖頭：「這太可笑了，絕對不可能。」

富翁並不動怒，只禮貌地說：「這是我的名片，以及我目前所住的飯店，預計還要停留四天。」然後就離開了。

不久之後，那家珠寶店的領班果然找上門來，詢問道：「您是否曾看過我們的鑽石首飾？」

「是的。」

「經過考慮，我們可將價格降到三十萬美元。」

富翁說道：「謝謝你們，但請理解一件事情，我並不是一定要買下它，所以最多只能出二十二萬美元。」

兩天後，領班再度來訪，表示願以二十二萬美元的價格成交。

不管是爲了一勺霜淇淋或一件昂貴的首飾，情形與道理都相同。如果你堅定立場，態度友好地說出意見，售貨員多半會讓步。

但是，這並不能涵蓋所有交易可能發生的狀況。

有許多人喜歡直來直往，無論是做生意、推銷，或者進行商業談判，都期望一切可以簡簡單單，不耗費太多腦力。這種想法本身相當幼稚，因爲完全不符合現實狀況。

環境總在不斷變化，一個人做決定時所根據、參考的資訊未必正確，而且無論如何粉飾，買賣總是存有些許爭執，還可能存在著居心不良的第三者。因此第一件該做的事就是愼重評估，釐清各方面主客觀條件，爭取提高自身言談行爲的可信度，找出說服對手的理由。

在某些足以使自身警覺鬆懈的情形下，千萬不要以爲萬事俱備而過度放鬆，因爲如此只會更提高失敗的可能。

千萬記住，即便看似萬事俱備，仍然會有欠缺的「東風」。

前述富翁買首飾的事例，提供了顧客一個戰勝商家的策略，接下來則換個角度，來看看推銷員該如何打破顧客的心防。你會發現從某些程度衡量，交易就好比另一種類型的商業談判，其中訣竅大同小異。

大部分有經驗的推銷員都同意，最後成交手段相當講究技術性，針對不同的客戶，採用策略也各不相同，例如：

・規定期限法

暗示若不快點下決心，將會錯過難得的好機會。

・討價還價法

約略探到底限後，向對方詢問：「我們如果同意於某日以某價格交貨，您可以接受嗎？」

・恭喜祝賀法

稱讚對方，祝賀他能得到這筆生意，必定將大有成就。

・躋身進門法

完全接受顧客開出的條件，目的在以此專案作爲雙方合作關係的開端，替日後的長遠利益鋪路。

・突出奇兵法

在談判或買賣交涉的最後關頭提出新概念，引見陌生的面孔加入。例如，一位業務員花了很長時間向顧客介紹房子的好處，此時，銷售經理突然出現，以行家的權威口吻保證房屋未來的升值前景，使顧客安心、滿意。

無論是買賣、談判，只要與商業領域相關，想要得到滿意成果，便多多少少都需要口才與策略兩相配合。商業交際語言的種類複雜、變化巧妙，應用起來常讓人大嘆精妙。從劣勢中扭轉逆境，奪得勝機，就是精進交際語言的最大用意。

從需求下手，更容易得手

成功的商談要從對方的需求點著手切入，給予肯定或者滿足，如此有助於降低戒心，拉近彼此的距離。

賀伯．科恩是美國著名的談判大師，創造出許多傑出的談判範例，至今仍廣為傳頌，啓迪所有有志於成為談判高手者。

他那高明犀利的言語不僅表現在談判桌上，也時時刻刻應用於日常生活中，以下就是一個例子。

有一次，賀伯．科恩突然臨時起意，決定買一台錄放影機，以及一台新力牌的電視。想當然爾，精明的他不會希望被商人敲竹槓，腦筋一轉，很快便想出了一個好方法。

第二天一早，販賣家電用品的商店才剛開門，他便悠哉悠哉地逛了進去，並笑著對老闆打招呼道：「嗨，早啊！」

「您早。」老闆回答：「有什麼可以為您效勞的嗎？」

「喔，我只是隨意逛逛。」

賀伯．科恩開始以友善的態度和老闆交談起來。簡短的開場白之後，他開門見山地詢問附近新開的購物中心是否對生意造成影響。

「嗯！」老闆的語氣聽來有些無奈，「生意是清淡了些，因為那家購物中心剛剛開張，但我認為遲早會回流。你知道，人們對新事物總是感到好奇，但新鮮感過去之後，就未必還有吸引力了。」

賀伯．科恩點了點頭，表示同意。走到電視及錄放影機的展示區時，賀伯．科恩表現出自己的興趣，並開始詢問相關問題。他用手指著一台錄影機，用相當友善、客氣的態度問道：「嗯，這東西怎麼用呢？我最怕使用電子產品了，甚至連交流電和直流電有什麼不同都搞不太清楚。」

老闆先是笑著解釋了基本的使用方法，然後說：「在附近的那家購物中心開幕之前，常有大公司的採購來店裡，一買就是好幾十台。很可惜，已經好一段時間沒有遇到這樣的顧客了。」

順著這個話題，賀伯．科恩問道：「如果他們一次買個二、三十台，你會再給優惠折扣嗎？」

「這是當然囉！」老闆答道：「凡是一次購買達一定的數量，我一定會盡可能地給予優惠。」

「對了，哪一種牌子的錄放影機品質比較好呢？」

老闆一聽，毫不遲疑地指著架上的一台機器回答：「就是這台，我自己家裡用的就是這種型號，相當不錯。」

當時是上午九點四十五分，距離踏入商店約有十五分鐘時間，他們的認識已經有了初步基礎，也知道了彼此的名字——約翰與賀伯。賀伯．科恩甚至還知道了商店老闆的煩惱與需求，以及部分經營手法。

衡量已經到了合適時機，他以探詢的口吻說：「嗯，我不知道購買這玩意要花多少錢，根本一點概念都沒有。但是，約翰，我希望能多少對你的生意表達支持。這樣吧！就像信任你所推薦的牌子，我也相信你會開出一個公道的價錢。說一個合理的數字，我現在就付錢。」

「謝謝你，賀伯。」老闆約翰說道，聲音聽來相當愉快。

賀伯．科恩繼續用隨和的態度說：「別客氣，我知道自己可以信任你。約翰，我們很談得來，好像彼此早就認識一樣。雖然那家新開幕的商場可能提供較便易的價錢，但相較之下，我更喜歡和你做生意。」

約翰寫了一個數字，但用左手遮住了賀伯．科恩的視線。

「我希望你能得到合理的利潤，當然，我也希望得到合理的價格。」此時，賀伯．科恩將話鋒一轉，透露更多資訊。「等一等！如果我連這台新力牌電視機一起買的話，總價是不是可以更便宜一些？」

「你是說兩樣一起買？」

「是啊！你剛剛說多買一些，可以有更多優惠。」

「當然。」約翰咕噥著：「請稍等一下，讓我把兩個價錢相加。」

正當約翰計算完畢，準備開口之際，賀伯．科恩又打岔說：「抱歉，還有一件事情需要確定，若是三個月後我為公司購買同樣的商品，你還會給我同樣優惠的價錢，對吧？」

說話同時，賀伯．科恩注意到約翰劃掉了剛寫好的數字，於是再近一步說：「當然，如果價錢不合理，也只好換個地方買了。」

「保證合理！」約翰答道：「我到後面去一下，馬上回來。」

一會兒，約翰回來了，手上的紙片寫著另一個數字。參考先前從對話中得到的資訊，賀伯．科恩冒險問道：「我想到你剛才所說的，關於目前生意清淡的問題。是這樣的，我本來準備使用信用卡，但是……或許付現金對你比較方便……」

「是啊！」約翰用力點頭答道：「尤其是現在這種時機，可以幫我一個大忙。」

一邊說著，又塗改了一次數字。

「你可以替我安裝嗎？你知道，我馬上就要到外地出差了。」

「沒問題，都交給我吧！」

「謝謝，請問多少錢？」

約翰報了價，一千五百二十八美元，是當時市面上最合理的價錢。賀伯．科恩爽快地轉身前往銀行提款，然後折回來交到約翰手裡。上午十點零五分，任務迅速且圓滿地完成。

後來，約翰不僅替賀伯．科恩裝好了設備，還免費贈送一個可放錄影帶的架子。兩個月之後，賀伯．科恩也兌現了自己的承諾，為公司買進許多相同的產品。因為這宗生意，賀伯．科恩和約翰從此成了交情不錯的朋友。

賀伯．科恩之所以能獲得成功，就在於巧妙地從對話中發掘賣方的多重性需求：希望儘快賣出商品、希望顧客信任自己的產品、希望顧客用現金支付，然後滿足對方的需求。

由此可以知道，成功的商談要從對方的需求點著手切入，給予肯定或者滿足，如此有助於降低戒心，拉近彼此的距離，當然更有希望大幅提升好感，使交涉進行得更順利。

輯 4.

猛攻不見得管用

當對手怒火中燒時，請千萬先停下自己的攻勢，替他們找一個可以發洩的出氣孔，等氣頭過去、一切冷靜後再談。

要說就說好聽的話

即便是商業談判這種唇槍舌劍、不留情面的場合，迎合對手的感情需求仍是有效招數。

單憑一句話，既可能交上朋友，也可能得罪他人。因此身爲推銷員、經商人、談判者，一定要學著巧用好聽的讚美促成生意、達成目的。

有六名婦女相約聚餐，慶祝她們當中最年長者的生日。點菜時，其中一人對服務生說：「讓麗莎點吧！今天來這裡，正是為了慶祝我們之中最年長的麗莎的五十歲生日。」

服務生的視線在所有人臉上掃過一圈，然後問道：「哪一位是麗莎？」

這不過是一句簡單提問，但表達了一個意思：妳們看上去根本差不多，分不出誰最年長。很明顯會得罪六人當中的五個人，除了麗莎。

所以，服務生應該這樣說：「妳們都一樣年輕漂亮，我實在看不出麗莎是哪一位，真不好意思。」

這樣一來，不僅較年長的麗莎會覺得自己還年輕，其他五人也會因為被服務生稱讚而感到愉悅。

絕大多數人都喜歡別人欣賞自己，「欣賞」是最能引起對方好感的交往形式，即便是在爾虞我詐的談判桌上。

我給你一句好話，你對我產生好感，並非毫無條件，反而更近似於利益交換、自然而然，屢試不爽。

怎樣的讚美最能引起生意夥伴的好感呢？

• 難得的讚美

將「我對大家都欣賞，包括你」和「我很少讚賞他人，你算是例外」相比，後者更能引起對方的好感，不是嗎？

• 真摯熱情的讚美

能引起好感的讚美要發自內心，熱情洋溢。如果你讚美對方時語調呆板、心不在焉、敷衍了事，肯定達不到所要的效果。

• 無意的讚美

即不是有意讓被讚美者聽到的讚美。對方會由於相信這種讚美出於內心，不帶企圖，而心花怒放。

• 具體且確切的讚美

含糊的讚美聽來像是在應酬、套交情，缺乏誠意。如果你能做出適時、針對性的讚美，且言簡意賅、觀點鮮明，就能讓對方被打動。

• 不斷增加的讚美

讚美有一定的時效，不可能長久保持效果，因此必須不斷增加，持續表現出自己的肯定。根據調查，懂得在言談中不斷增加讚美的人，最受人喜歡。

在電力還不普及的年代，有一天，任職於美國菲德爾費電氣公司的約瑟夫，前往賓夕法尼亞州推銷用電。

他首先鎖定一間農舍，敲門之後，屋主布朗肯太太小心翼翼地從門縫裡探出頭來，得知來人是電氣公司的代表，一句話也不說便重重把門關上。

約瑟夫只好再敲門，很長一段時間後，她才將門再次打開，卻僅有一條比剛才更小的細縫，且還未等對方開口，就一個勁地破口大罵。

雖然狀況相當不理想，約瑟夫卻不死心，決定換個方法碰運氣。

他改變口氣說：「布朗肯太太，抱歉打擾您了，事實上，我不是來推銷的，只是想向您買一些雞蛋。」

聽到這話，老太太的態度馬上和緩了些，門也開大了些，約瑟夫見方法奏效，接著說：「您家所養的雞羽毛長得真漂亮，應該是多明尼克種吧！能否賣我些雞蛋呢？我相信品質一定非常好。」

門得更開大了，布朗肯太太問道：「你怎麼知道是多明尼克種？」

約瑟夫知道自己的話已經打動對方，便接著說：「我家也養了些雞，卻沒有您所養的這麼好！而且，我家的來亨雞只生白蛋。您知道，做蛋糕的時候，用黃蛋會比白蛋好。我太太今晚打算做蛋糕，所以想買些好雞蛋。」

老太太一聽，再不疑有他，將門一推便由屋內走到門廊。約瑟夫利用這段時間，很快瞄了一下環境，發現這家人擁有全套務農與畜牧設備，繼續道：「夫人，您養雞賺的錢，肯定比您先生養乳牛賺得更多。」

這話讓老太太感到有些飄飄然，布朗肯先生雖從不承認，但她總想把此事告訴別人。自然而然，她把約瑟夫視為知己，領他參觀雞舍，無話不談，非常愉快。臨別之前，布朗肯太太主動請教用電的好處，約瑟夫也詳盡地介紹了電力能帶來的幫助，但沒有進行任何推銷。

兩星期後，約瑟夫收到了老太太提出的用電申請書，後來，更源源不斷地收到來自這個村子的用電申請。

約瑟夫爲什麼能夠成功？仔細推敲每一句對話，你可以發現正是「讚美」拉近了彼此的距離，緩和了原先近乎於敵對的立場，帶來其後一連串收穫。

英國某童裝公司預計招雇三名兒童拍攝廣告，公開甄試那一天，報名參與者非常多，排成長長的人龍。

有一個排在較後面的孩子見情況不妙，靈機一動，寫下一張字條，遞給門邊的秘書道：「您好，請問可不可以幫我個忙，把這張紙條傳給經理？」

小孩的態度讓秘書留下了好印象，當即答應幫忙。字條遞進去之後，經理一看，上面寫著：「親愛的總經理，在您沒有見到所有的孩子前，請不要做決定。」落款是「排在後面的小孩」。

設想，假如你是經理，見到如此聰明而又懂得討人喜歡的孩子，能不多花點心思留意嗎？如此一來，那孩子被錄取的機會也就更大了。

無論在任何場合，說些別人愛聽的、動聽的、討喜的話，必定更提高自己的成功機率。即便是商業談判這種唇槍舌劍、不留情面的場合，迎合對手的感情需求仍是有效招數。

猛攻不見得管用

當對手怒火中燒時，請千萬先停下自己的攻勢，替他們找一個可以發洩的出氣孔，等氣頭過去、一切冷靜後再談。

只要善於應用言語，並選擇最適宜的談話方式，無論在談判交涉過程中談的是什麼樣的生意，碰上什麼樣的對手，都能達到預期效果。

有一次，房地產大王約瑟夫接受政府委託，前往拍賣紐澤西州開普頓一帶的房子。這一帶的房子，原本提供給在船廠工作的人們當宿舍，但卻沒料到在拆遷上碰到很大的困難，現有的「屋主」們以「政府當初命令我來住，現在怎麼可以又把我趕走」為理由，竭力反對。

由於他們的人數較多，且態度強硬，使約瑟夫大深感為難，十分苦惱。

面對這樣一群幾乎不講理的民眾，假如自己的處置失當，勢必將遭受攻擊，該怎麼辦好呢？

當然，約瑟夫可以說自己只不過奉命行事，把一切責任都推給政府，使群眾無言可對。然而，他也知道，假如這樣做，就不是個聰明的房地產商了。一味指責別人的錯誤，將責任推卸乾淨，不會產生積極效果。

那麼，他決定採取的辦法是什麼呢？

約瑟夫讓拍賣活動搶先在宣佈時間的前一小時便展開，理由是他知道群眾必定會在拍賣時間湧入會場，鼓譟搗亂，所以寧可提早，使他們措手不及。

此外，他更聰明地打探出已有某位住戶願意參與競標，也知道對方能夠負擔的金額，便第一個選定那一棟房屋作為拍賣物件。

約瑟夫說：「知道那位住戶願意購買後，我便選定那棟房子作為第一個交易物件，並且讓他順利得標。因為那位住戶如願以償，有效平撫了其他人的怒火。事實上，他們之所以強烈反對，是因為以為政府要趕走他們，如今既然有了購屋機會，事情就容易解決了。」

「那天，一切照我擬定的計劃進行，十分順利。那位住戶成功購得他的房子，所有前來搗亂的人見狀，都當場歡呼起來。原先想痛打我一頓的人，全部把我當成了朋友，甚至把我高高舉起來歡呼！」

將約瑟夫的經驗運用在商務談判上，可以得出什麼結論？

很簡單，就是不要「硬碰硬」。

當對手怒火中燒時，請千萬先停下自己的攻勢，替他們找一個可以發洩的出氣孔，等氣頭過去、一切冷靜後再繼續談判，而非於火上加油，否則將導致兩敗俱傷，一事無成。

取得地利就等於奠定勝基

別輕忽了地點差異對談判可能產生的影響，取得地利，就等於在開局前先一步奠定勝基，千萬不可小覷。

常聽人提及「天時、地利、人和」，確實，三者都有一定的重要性，都可能對談判的成敗產生決定性影響。

商業談判過程中，地點往往是一個爭議頗大的問題，之所以如此，正是因爲地點的選擇對談判雙方都有密切關係。

一般來說，地點對誰有利，談判的結果就有可能被那一方操縱。一旦你成功掌握了「地利」優勢，就等同抓住了競爭主動權，與勝利相距不遠。

在談判地點的選擇與掌控上，應把握以下原則：

・最好在自己的地盤進行

野生動物在自己的領土裡，最有辦法自我防衛，同理可證，由於心理與生理雙方面因素影響，在自己的地盤和對手談判，更容易達到目的。

・避免踏入對手的領地

假如不得不在別的地方舉行，應挑選一個與彼此沒有直接聯繫、中立且安全的地方，並攜帶足夠的助手與資料同行，因應不時之需。

・憑藉好地點「收買」對手

若商談過程中，必須在外進餐，應選擇烹飪技術較高超、服務與裝潢都具水準的餐廳。用餐地點的好壞對買賣雙方的情緒往往可產生直接影響，這一點，幾乎每個精明的談判參與者都知道。

一九七〇年代，好萊塢拍攝了一部描寫黑手黨生活的電影〈教父〉，其中有這樣一段情節：某個黑手黨家族企圖消滅宿敵，於是便送出一張請柬，邀請敵方陣營的重要成員到A餐廳赴宴。不料，那位首領覺察到其中的陰謀，臨時決定更換就餐地點，挑選在B酒樓。

黑手黨家族成員接獲消息，頓時束手無策，唯有首領鎮定地微笑著說：「B酒樓中至少有三個廚師、六個侍者是我們的人，酒樓外面賣麵包飲料的小販也都是我的部下，而那個街區的警察局長，早在兩年前就從我這裡領取傭金。與A餐廳相比，B酒樓更是我們的地盤，他們一旦踏入那裡，就只有死路一條！」

想當然爾，有如此周密的佈局作後盾，這位黑手黨老大幾乎沒有費什麼力氣，便成功把對手一網打盡，徹底殲滅。

商場角逐雖然遠不及黑手黨火併那般血腥殘酷，但雙方激烈鬥智、耍弄心機的程度也不遑多讓。因此，爲了順利進行業務商談，你更應當選擇有利於自己的談判地點。

談判地點的選擇上，應堅持一定原則，最好不要在對方的辦公室，而儘量說服對方前來自己的辦公室。

別以爲這不重要，事實上對成敗的影響相當大。無論你的辦公室多簡陋，都是個可以讓自己盡情發揮、施展拳腳的地方。

你能夠對在自己的辦公室內召開的會議行使控制權，換成別的地方，無論如何都得不到同樣優勢。

同樣道理，由於受領域拘束感影響，在你的地盤開會，對方會有一種被「逼迫」的感覺。不論環境多舒適，必定存在一種無形的緊張氣氛。此時，你便等同掌握了主控權，可以視對方的態度與狀況決定氣氛，如果對手太過跋扈，便儘量施加壓力，壓制氣焰；如果對方表現得客氣，大可以適度緩和緊張氣氛，以取得一定程度的信任，讓談判愉快地進行。

別輕忽了地點差異對談判過程和結果可能產生的影響，雖然無形，力量卻相當強大深遠。取得地利，就等於在開局前先一步奠定勝基，千萬不可小覷。

掌控談判氣氛，為自己加分

有效製造談判輿論或氣氛，可以促使參與雙方展開行動，走到談判桌前，以積極態度展開一連串討論。

前面提到「天時、地利、人和」三項要素的重要性，如果將地點因素歸納在「地利」，那麼毫無疑問的，談判參與者的表現，就是是否能促使達成「人和」的決定性因素。

「人」是談判的實際參與者，決定了過程與結果。參與人員的與會表現非常重要，不同的談判人員，可能導致截然不同的氣氛。

具體來說，談判人員可以從以下幾個方面對氣氛施加影響：

• 表情

表情可以表明談判人員的心情，是信心十足還是滿腹狐疑，是輕鬆愉快還是緊張呆滯。呈現表情的最敏感部位是面部、背和肩。透過觀察這些地方的小變化，可以窺知談判人員的心理狀況。

• 服裝

服裝是決定個人形象的重要因素，無論色調或清潔狀況，都足以深刻反映談判參與者的心理特徵。

一般來說，談判人員的衣著應當力求美觀、大方、整潔。但由於各地經濟發展程度與文化習俗的差異，衡量標準又不盡相同，很難一概而論。

• 目光

眼睛是心靈之窗，所有微小情緒和意念變化都會透過目光表示，因此，藉著觀察目光的變化，便得以評估對手的心理情況。

西方心理學家認爲，談判雙方第一次的目光交流，可說意義最重大。對手是誠實還是狡猾，是活躍還是穩重，一眼就可以看出來。

・動作

影響談判氣氛的因素，還包括言語、手勢與觸碰行爲。

以握手爲例，動作雖簡單，影響卻極大。東方國家習慣於表現熱絡，但在西方一些國家，如果和人握手時把另一手搭在對方肩上，就會引起反感，被認爲過分輕狂、傲慢且自以爲是。

當然，對小動作的反應也會受到個人喜好影響。初次見面寒暄時，用些力氣握手，有些人會覺得是相見恨晚的表現，心裡油然而生親近的感覺，但也有些人會覺得這是對方在炫耀力量，更有甚者，會認爲故弄玄虛，從而產生厭惡感。

由此可知，我們必須力求了解談判對手的背景和性格特點，以區別不同情況，斟酌採取最適宜的彈性應對。

・個人衛生

個人衛生好壞絕對會對談判氣氛造成影響。若是衣著不體面正式、全身散發汗味或騷臭味，必定不受歡迎，更不被對手信賴。

•傳播媒體

雖然任何談判都伴隨著製造輿論或氣氛的行爲，但眞正懂得積極主動，明確意識到製造談判輿論和氣氛行爲的重要，作爲整個談判過程中不可或缺一環的人，卻不多見。儘管有些成功實例，但也僅僅是爲某一具體談判而安排或設置的招術而已，並沒有以理論指導。

從傳播媒體的發展來看，正在由過去影響範圍極小的口頭傳播、手抄傳播，發展到現在速度極快、影響極廣泛的電子傳播。正因爲傳播在生活中的重要性越來越突顯，製造談判輿論或氣氛的重要性也就隨之得到突顯。

所謂製造談判輿論或氣氛，就是談判主體透過傳播媒體向對方傳遞意圖，施行心理影響，製造有利於自身的條件與背景。許多重大談判在正式開始以前，輿論的準備和角力往往已經於幕後上演，並發揮極大作用。

有效製造談判輿論或氣氛，可以促使參與雙方展開行動，走到談判桌前，以積極態度展開一連串討論。可以說，由於談判輿論或氣氛的製造，促使這一行爲與時俱進，不斷演化、進步。

製造談判輿論或氣氛，必須釐清並滿足以下四個觀念：

1. 主要發動者

通常與主體相關，多爲談判參與者，也可以是其他人。

2. 採用的工具

即選擇採用何種傳播媒體。

3. 接受對象

即試圖造就的輿論氣氛，以及想要影響並感染的對象。

4. 採用的方式

即結合談判目的及談判對象的特點，確定採用形式與內容，以求最有效地影響對方，爲談判的正式展開奠定基礎。

四個要素中，前三者構成了製造談判輿論或氣氛的基本條件，後一個要素則是眞正落實的必要條件，缺一不可。

好的開始是邁向成功的基石

取得開場優勢的效果，就在於摸清對方的能力與技巧高低，不動聲色獲取情報，彈性調整應對策略，奪得勝利。

俗話說得好，「好的開始，是成功的一半」。

於談判開場進行的一切活動，一方面可為雙方良好關係的建立鋪路，另一方面又能夠了解對方的特點、態度和意圖。

因此，在這個階段，談判者必須十分謹慎地對所獲得的資訊加以分析，不僅如此，還要立刻做出決策，採取重大措施，用自己的方式影響對手，並使所有影響確實產生作用，貫穿於活動始末。

身爲談判參與者，必須把準備工作做得既周密又靈活。

坐下來進行正式談判前，應充分利用開場階段從對方的言行中獲得的資訊。越能夠在這個階段掌握有用資訊，即代表談判參與者擁有越豐富的經驗和技巧，可望順利發揮所長，達成目的。

對方的談判經驗和技巧高低，無須透過語言就可以反映，比如姿勢、表情以及「入題」能力。如果他在寒暄時不能應付自如，或者突然單刀直入地談起生意，那麼可以斷定是談判生手。留心觀察對方行爲言談所有微妙或生澀處，然後做出應對，這樣的人則是談判高手。

談判作風同樣可以從開場階段的發言中表現出來。一位經驗豐富的談判者，爲了謀求雙方的合作，一定會選擇在開場後先討論一般性題目。

另有一種人，作風與他人截然不同，雖然同樣經驗豐富，但爲了對談判結果產生影響，寧可採取不同做法。

例如，談判一開始，就極力探求雙方的優勢和劣勢，探聽哪些是自己必須堅持的原則，以及在哪些問題上可以讓步、讓步多少。

他不僅要了解「自己」的情況，甚至對每一個己方人員的背景、價值觀，以及有把握的和擔心的事、是否可多做利用等問題，都務求一清二楚。

這些資訊，對於那些喜好玩弄花招、以犧牲對方權益而謀取自身利益的人來說至關重要，足以成爲致勝的武器。或許，有人會覺得有欠公道，但以成敗衡量，其實無可非議。

取得開場優勢的效果，概略來說，就在於先聲奪人、壓制對手，從而摸清對方的能力與技巧高低，不動聲色獲取情報，彈性調整應對策略，奪得勝利。

請吃飯也是成敗的關鍵

宴請談判對手或商務往來對象，重點不在餐廳的豪華，而在於弄清楚自己的目的究竟為何，又該如何達成。

若身爲東道主，在進行商務談判的過程中，免不了要宴請對手。這不僅僅是感情聯絡，也可能是非正式談判進行的時機，更極有可能影響對方對你的印象與好感度，不可不愼。

挑一個意想不到的地點，多半能使宴請獲得成功。

人們在選擇餐館時，多半循規蹈矩，憑習慣，而不是憑想像，選中的餐館多是自己熟悉的、不會出差錯的地方。相對而言，客人便不可能由此得到太大驚喜，如果是已經多次見面的客人，說不定會感到煩膩。

因此，宴請客人時，不妨帶他們到從未去過的地方，或看上去和你難以聯繫、出乎意料的地方。假如你所選擇的地點確實出色，各方面都夠水準，一定會給客人留下較深印象。另外，還可邀請些特別的對象與會作陪，增加樂趣。

必須注意，無論宴請的客人是誰，身爲東道主的你都應支付帳單。邀請的客人越富有，你越應主動掏錢，這樣做絕對有意想不到的效果，不僅僅是誠意的證明，更展現了自身氣度。

宴請有商務往來的對象，應著重在讓他們覺得你的舉止得體。假如能將上述環節處理得當，曲終人散時，客人一定會想：「今天太愉快了，不像以前幾次，都只能在一些無趣的地方，談一些無聊的話題。這個人居然會想到帶我來這樣一間餐廳，實在很有心。」

假如每頓飯都能讓客人留下愉快的回憶，可以預期利潤將隨之而來。但這說起來簡單，眞要掌握卻不太容易。

是否想過，爲什麼人們都寧可當主人呢？就是因爲主人雖有付錢的義務，但是可以決定邀請對象，可以決定請客地點。切記，不要輕易將這項權利讓給別人，否則將失去優勢。

選擇舉行宴會的地點最好要寧靜祥和、寬闊明亮，讓人感到舒適。有些餐廳雖然價位便宜，但喧鬧、擁擠、服務較差，與親友聚會或許可以，但不適合宴請有商務往來的客戶或談判對象。

爲了保證得到最好的位置和寧靜空間，以便讓自己的聚會順利進行，你大可以明白地向餐廳要求些特殊服務，例如在某家熟悉的餐館訂個密閉包廂，決定上菜的時間與過程。如此不僅能保證流程在控制範圍內進行，還可使客人對你和你的態度、能力有更深的了解。

宴請談判對手或商務往來對象，重點不在餐廳的豪華，而在於弄清楚自己的目的究竟爲何，又該如何達成。

找出公敵，讓彼此戰線統一

為了化解矛盾，最好的方式就是明確定義共同利益，同時尋找一個共同的公敵，將火力集中，統一戰線。

既然要在市場求生存，必定免不了面對競爭。許多商人會在競爭的過程中由夥伴變成敵人，但一段時間後，很有可能又爲某種目的和解，重新成爲盟友，以避免兩敗俱傷。

這類戲碼，無時無刻不在商場上演。

如何有效化解敵對，避免不必要的競爭損耗呢？爲此，聰明的商人想出了絕好的防禦辦法，即「尋找公敵」。

有部描寫人性的電影是這樣的：一位主角是員警，另一位主角則是專門賺取賞金的私家偵探，由於立場相反，彼此總是存在著一股緊張的氣氛。

這時，恰巧有批搶劫犯越獄而出，政府懸賞捉拿，兩人知道後便展開明爭暗鬥，期望得到賞金。

員警思慮較密，率先考慮到逃犯較多，只靠一人恐怕相當困難，於是決定以逃獄者為「公敵」，說服私家偵探和自己合作。

最後，兩人大獲全勝。

這部電影的重點，便在於描述對立的兩人因爲有了共同的敵人，從而打破成見，化敵爲友的過程。

這樣的演變也印證了一個道理：在強敵面前，人就會產生與人合作的想法，就算原先水火不容，也會爲了生存握手言和。

也就是說，要和立場對立的人合作，首先一定要找到共同的敵人，讓彼此站在同一陣線，爲了共同的目標奮鬥。

多一個敵人不如多一個朋友，策略性合作有時比單打獨鬥更能提升獲利。商人們必然都很清楚這個道理，然而現實競爭又在所難免，若不思改善，長期下去必然加深敵意與耗損，沒有太大意義。

爲了化解這個矛盾，最好的方式就是明確定義共同利益，同時尋找一個共同的公敵，將火力集中，統一戰線。如此，自然能憑藉著與公敵的較量，緩和彼此的衝突，直至達成雙贏目的。

與其多一個敵人，不如多一個朋友。

這不僅僅是一個道理，更可以說是在強敵環伺環境中求生存的一大法則，應該力求落實在任何一個地方，無論是辦公室、賣場，或者談判桌上。

輯 5.

發揮語言功效，首重對症下藥

斟酌對手身分與實際進展狀況，使用外交、軍事、法律與文學語言，可以有效從弱點切入，讓談判的進行更順利。

多管齊下，加速談判的進行

如果能多為對方設身處地想一想，於對話中巧妙地傳達出誠意，並使對方感受，談判進程必將順利許多。

談判，不僅僅是一項艱苦的討價還價活動，更是一場心理決鬥，攸關知識、資訊、修養、口才、風度的較量。

想要控制住談判局面，使結果能和自己預期應達到的效果吻合，以下幾點事項必須注意：

・做好事前準備

做好充分準備，胸有成竹，才能信心十足。

在談判展開前，應詳盡調查雙方組織的長處和短處、談判的目的、意圖，甚至主要談判對手的經歷、愛好，並根據自己的實際情況，透過綜合分析，明確釐清有可能讓步的範圍與堅持不退的底限。

若在透徹摸清對方底細之前就匆忙上陣，極有可能面對無法解決的困境，導致被人牽著鼻子走，一敗塗地。

• 不放過任何線索

一在談判桌前坐下，你就應馬上注意觀察分析，留神傾聽對方的陳述，從而捕捉語言中透露的資訊，領會對方的眞正意圖。

許多談判者說話慣於「打馬虎眼」，不願一下子打開天窗說亮話，把眞正的想法老實講出來。遇上這樣的對手，則應學著捕風捉影、順藤摸瓜，從隻字片語中尋找線索，然後再透過提問進一步分析。

如此一來，即便碰上的是「老狐狸」，仍可一步一步掌握對方的絃外之音、言外之意。

・隨時提問，務求清楚理解

聆聽對方陳述時，如感到疑惑，應及時提出，以求澄清。這種時候，最忌諱因爲擔心暴露自己的無知，選擇不懂裝懂。

對談判者來說，說話容易聽話難，許多誤解都是因爲沒聽清、不理解對方話裡的眞意而發生。

此外，你不能對他人的所有意見或立場都持模糊態度，以不表態應對，使人弄不清你眞正的想法。在聽清或了解了對方的立場後，應及時且明確地提出自己的看法，並指出彼此之間可能存在的差距。

一旦發現對方的邏輯錯誤和弱點，就是展開說服行動的最佳時機。

・保持冷靜，避免無謂爭論

談判中，要儘量避免無關宗旨的喋喋爭論。

從事談判的最高境界，是使彼此同樣取得利益，達到雙贏。若是氣氛過於火爆，就會把精力和時間都消耗在分歧爭論中，導致立場越發相左，不利於流程的正常進行與目的的達成。

還有一點必須牢記，無論多麼著急，都不能流露出急於求成的情緒，否則必定「欲速則不達」。

一旦心急如焚、坐立難安的態度情緒讓對方察覺，就會成爲被利用的弱點，造成談判主控權的喪失。

• 以毅力堅持，不輕易放棄

談判出現曲折、困難時，絕對不要輕易放棄，寧可想盡一切可能辦法，都要尋求出解決途徑。

要知道，在談判舉行過程中，對某個問題爭執不下而陷入僵局是常有的事，此時需要雙方拿出誠意，適當調整目標，做出必要的妥協與讓步，以使談判不致於中斷甚至破裂。

萬一談判破裂，日後再要重新舉行，雙方所存的戒心將更甚於以往，不利於和諧氣氛的營造，對彼此之間的交流往來也將產生負面影響。更嚴重的是，談判破裂消息張揚出去後，雙方所代表的組織機構形象免不了受損傷。

不論哪一層次的談判，毫無疑問，雙方都必須爲自己的目標努力，以求獲得最大利益與優勢，因此要哪一方輕易做出妥協或讓步都不是容易的事情。但是，如果能多爲對方設身處地想一想，在對話中巧妙地傳達出誠意，並使對方感受，談判進程必將順利許多。

心理溝通雖然無形，卻可使氣氛發生微妙變化，有助於談判順利進行，以及雙方目標的實現。

牢記以上五個要點，將可幫助提升自己的談判能力，有效在談判之先做到知己知彼，於會議進行中明確掌控節奏與方向，並克服可能遭到的阻礙，使談判繼續，直到成功達成使命。

發揮語言功效，首重對症下藥

斟酌對手身分與實際進展狀況，使用外交、軍事、法律與文學語言，可以有效從弱點切入，讓談判的進行更順利。

各種談判語言的運用，必須力求做到「有的放矢」、「對症下藥」，以提高針對性，滿足談判對象、環境的差異性，產生影響。

談判語言的選擇，應透過以下標準衡量：

- **個人因素差異**

採用語言的選擇與決定，必須配合談判對象的身份、性格、態度、年齡、性別等條件差異。

更詳細來說，就是要注意地位的高與低、性格的內向與外向、態度的友好與一般、年齡的大與小、性別爲男或女等。

對於職位高、氣度寬大友好的中老年男性談判對手，最好以外交語言爲基調，配合軍事語言。

這一類對手的本意在促成交易，一般修養與態度都較好，爲表示對地位及形象的尊重，可以運用較客氣的外交語言，直到談判推演到最後階段，才以較強硬的軍事語言相助，略爲施加壓力。

對於職位高、態度傲慢的中老年談判對手，最好使用外交語言─軍事語言─外交語言替換的結構，即「先禮後兵」，先贏得對方支持，然後不著痕跡地挫挫對方銳氣，以強調彼此的平等地位。談判進行到最後，則以禮相待，爲對方保留面子。

對於有地位、年長、性格外向的對手，宜採用軍事與外交語言並行結構，以軍事語言爲主。

這種人有權力、有經驗，性格多較爽快，喜歡乾脆俐落解決問題，不愛拖泥帶水。用軍事語言爲主調進行談判，會使對方有「快刀對利劍」的痛快感，更易於問題的解決。

對於職位低、年輕、性格內向的談判對象，應儘量多用外交語言與最委婉的文學語言，這樣能使對方感覺受尊重，強化比較薄弱的自尊心和安全感，對談判培養出較大信心。

與有一定職位、年輕、外向的對手進行談判，最好多採用外交語言和商業法律語言，因爲這類人多屬進攻型，較爲激進。使用外交語言表達尊敬，有利於己方的防守，一旦條件成熟，就能馬上改使用商業法律語言，使議題進入業務要點，促進談判成功。

對於同齡者，以外交語言和商業法律語言爲宜，尤其對於異性，更以使用外交語言或商業法律語言爲好，力求表現出恰到好處的禮貌，明確以工作目標爲先，凡是公事公辦。

•語言的選擇與使用

針對談判過程中不同的話題、內容、目的及階段，語言的使用都應彈性地做出相應的調整。

若是涉及人員介紹、公司概況說明、歷史回顧時，以文學、外交語言爲主，例如「某某先生是我們的開發部經理」、「我們身處發展中國家，未來有相當遠大的前景」、「基於過去已有的良好合作關係，願合力寫下更光輝的新篇章」等等，都能傳達出較強的感染力。

當闡述談判意義及雙方意願時，以文學、商業法律語言爲宜，因爲文學語言可渲染氣氛，商業法律語言可明白無誤地表明大前提。

具體的商業談判，一般多使用商業法律語言，但在價格辯論中可偶爾插入一兩句文學語言，以達到譏諷或誇張的目的。

如果在談判過程中遇到障礙，可以外交、文學語言爲主，插入商業語言，以宣傳政策，闡述目前形勢、未來遠景、雙方面臨的利益與困難等。如此既使語言文雅富感染力，又保持了身份與信譽。

談判最終目的，就在成交，如對方態度好，則以文學，外交語言爲主，施行

「軟攻」；若態度不好，則運用軍事語言「強攻」，或軟硬兼施，促使成交。

於談判開始階段採用文學或外交語言，有利於良好氣氛的營造，促進雙方感情。在實質性談判階段，因爲多涉及具體業務問題，應以商業、法律語言爲主。闡述己方觀點時，可穿插文學或軍事語言，以求達到柔中帶剛效果。在結束階段，不容許拖泥帶水，應以軍事語言爲主，商業、法律語言爲輔。

不同的語言，足以傳遞不同的訊息。斟酌對手身分與實際進展狀況，使用外交、軍事、法律、商業與文學語言，可以有效從弱點切入，滿足對手需求，或在氣勢上領先，達到克敵制勝效果，讓談判的進行更順利。

兼具風度與氣度，才是正確態度

談判時，語氣應做到堅定文雅，語態則保持風趣真誠，千萬不要讓人有被調侃、不受尊重的感覺。

可能影響談判的因素有很多，無論是談判者的語氣、語調，或者表達方法，都可能改變對方的情緒及會場氣氛，進而影響結果。

爲了讓言語的運用產生正面作用，要注意以下六點：

• 友好問候，真誠關懷

一見面就致上問候，表示自己最真誠的關懷，將有助於迅速獲得對方的好感，縮短雙邊距離，創造友好的談判氛圍。

• 認真傾聽對方的談話

說起商業洽談的成功秘訣，莫過於注意傾聽對方說的話，沒有比這更能贏得好感的方法了。談判過程中，最忌諱的就是自己一個勁地猛說，沒完沒了，不給對方開口發言的機會。正確的做法，應該是先請對方發表意見，禮貌地聽他把話講完，再進行交流。

輪到自己發言時，可以先複述一下對方談話的重要內容，並且談談自己的理解與進一步想法。這種方法相當有用，一方面說明了自身對對方意見的重視，另一方面也方便進一步證實、釐清對方的意圖，避免誤解。

• 不要打岔

隨意開口打岔往往會令說話的人生氣，產生敵意，以致阻礙了意見的正常交流，千萬要避免。

• 抓住主題

傾聽對方發言時，要抓住重點，牢記在心，避免在爭論中不慎遺忘。討論的時候，儘量避免脫離主題太遠。

此外，為了不致嚴重離題，可以先擱開某些不太重要的問題，以免進行徒然的爭論。也可以暫時休會、延期討論，以便適度調整方向。當然，必要時刻，應該在談判桌上明確地提醒對方，不要離題。

• 不要正面反對對方的某個觀點

如果對方的某些問題不宜正面回答，或者他的某個觀點你不贊同，可以用一些比較概括、原則、模糊的話予以回覆，模稜兩可地掩飾自己的眞實意圖和情況。或者從側面給對方一點暗示，而不要起正面衝突。

• 語氣要溫和，語態要眞誠

談判時，語氣應做到堅定文雅，語態則保持風趣眞誠，千萬不要讓人有被調侃、不受尊重的感覺。尤其要注意尊重、顧全對方的面子，不要得理不饒人。若是對方感到困窘，大可以找個「代罪羔羊」，幫忙分擔責任。這只是一個小小的技巧，不費什麼力氣，卻足以使人心生感激，其後的交涉就會更加順利。

創造和諧的氣氛，首重降低敵意。商業談判中，有些做法相當容易使人產生敵意，絕對要慎重地避免。

此外，在製造談判輿論或氣氛時，還要注意以下幾點：

1.時效性。選擇最合適的時機，離正式談判開始的時間太遠或是太近都不好，須仔細斟酌。

2.傾向性。資訊的發出，必須包含達到談判目標所需要的內容。

3.暗示性。無論進行任何談判，雙方都應努力保持自己的尊嚴，也不使對方難堪，這是保證談判順利進行的必要條件。因此，若有意見不合，應首先透過暗示，採用較含蓄的語言、文字，使對方了解自己的意向。

4.交流性。藉由資訊的不斷交換，從而使雙方在正式談判以前，就能達到某種程度以上的心理溝通，將有助於彼此理解相容，凝聚共識。

兼具風度與氣度的言語態度，有助於談判的順利推展。咄咄逼人不見得能達到目的，適時展現自己的善意包容，更能在感情面上拉近與對手的距離，使談判得以在良性友好的氣氛中進行，達到雙贏目的。

掌控局勢，勝利就在手裡

若陷入僵局，你要力求表現穩重，好似成竹在胸。談判就是意志力的較量，成敗往往取決於誰先退卻。

控制局面，得到商務談判的主控權，是一門非常高超的技巧，儘管不容易一下子就上手，但是可以帶來的幫助非常大，值得每一位有志於提升本身能力的談判參與者學習。

一般說來，掌握談判的主動權，需達到以下八點要求：

• 抓住要害

要害，就是控制談判局面的關鍵。

舉行談判的目的，就在追求滿足各自的需要和利益，因而需要或利益所在，就是要害所在，若能認清認準，緊緊抓住，就等同控制了主動權。自身需求越迫切，在談判中所處地位就越不利，所以，參與談判時，最好能盡可能隱瞞自己的需要，同時設法相對地強化對方的需要。

強化對方的需要可以「軟硬兼施」，先給一些甜頭，甜頭越大，對方丟掉這筆交易的利益損失就越大，達到目的的可能性當然也同樣增加。若「軟」的不行，就來「硬」的，施予一定的壓力。

但必須注意，「硬」的方法不能輕易使用，以免引起反彈，更加深談判進行的困難，此外，更要慎擇時機與方法。

●以靜制動

談判一開始，最好能做到不露喜怒、不動聲色，先看看對方的姿態與誠意。

談判過程中很可能出現兩種情況，一是對手很熱情、很真誠，讓你放鬆戒備，不知不覺踏入陷阱；另一種是對手很苛刻、很傲慢，使你情緒激動，無法深思熟慮，導致三言兩語就被摸清底細，或在衝動下中圈套。

所以，不論處於什麼情況，談判參與者都要冷靜，以保持頭腦清醒。你可以故意拒絕對方的某些建議，或者不置可否、不做表示，以其人之道還治其人之身，看看對方的反應。

如此，將有助於擺脫被動，了解對手心理。

・投石問路

如果面對深藏不露的高手，你將很難從外部表現洞察對方的內心世界。這時，就需要設法投石問路、引蛇出洞，誘使暴露心理、性格或意圖。

你可以提出一些自己早就瞭若指掌的問題，讓對方回答，這叫「明知故問」，有助於從言談或其他小動作中收集更多訊息。

・以退為進

當對方咄咄逼人、步步進攻，你若因爲氣不過而同樣採取針鋒相對策略，極有可能會破壞和諧的氣氛，讓自己無法下台，或者導致談判破局，怎麼看都不是理想的結果。

一般來說，這種時候，倒不如避開鋒芒，先退一步，以求穩住陣腳，靜觀其變。很多人都不知道一個淺顯的道理：在對方的「火力」完全暴露之後趁機反攻，反而更容易奏效。

●避開正面衝突

當分歧產生，爲了避免衝突的惡化，得設法找到雙方的共同利益，尋求達成一致協議的途徑。

若分歧實在太大，則要以避免衝突、就事論事爲第一要務。

化解衝突，有以下幾大原則：首先是控制情緒；其次是有藝術的、委婉但明確的拒絕；再次是注意對事不對人，盡可能表示出自己的誠意；最後是學會採用「冷處理」。

所謂「冷處理」，就是一種避免針鋒相對、緩和氣氛的策略。

雙方若是僵持不下，你不妨提議「我們去喝一杯吧」、「明天再談怎麼樣」，以改變氣氛，化解衝突。

• **隨機應變**

談判桌上可能會發生各種各樣的情況，許多根本是自身始料未及，所以更突顯出隨機應變能力的重要。

首先，談判者要能準確判斷形勢，分清哪些是「實」，哪些是「虛」。再者，對基本課題需要有明確認識，談判的目的、己方的需求都得徹底掌握。一切行動都圍繞目標展開，可以採取靈活的方式，也可以做一些讓步，但絕對不能讓對方牽著鼻子走。

• **堅持就是勝利**

談判不僅需要技巧，也需要耐心與恆心。

若是陷入僵局，不管對手是冷是熱，都要力求表現穩重，好似成竹在胸，不輕易答應大讓步。這是一種策略，容易使對方產生急躁情緒，而一旦動搖產生，你趁機反擊，就很有希望大獲全勝。

說穿了，談判就是意志力的較量，成敗往往取決於誰先退卻。

●埋下契機

即便不能達成相當程度的共識，甚且必然面臨破裂，也無須逞一時口舌之快，傷及和氣。若是撕破臉，以後要再回頭談判，雖並非不可能，卻要費一番周折，不是容易的事情。

因此，務求好聚好散，爲將來的再度談判或其他接觸埋下契機。

控制局面，就等於在無形中增加自己的說服力與威力，讓說出的每一句話更容易達到理想中效果。

因此，務求牢記並達成以上八點，提升自身氣勢和談判口才，把勝敗的決定權握在手裡。

有計劃才能因應變化

> 無論有多完備的計劃都免不了遭遇變化，因此制定好的計劃仍要配合現實狀況做修正，切忌不知變通，綁死自己。

一般情況下，談判進行前必要的準備工作，就是制定一個簡明、具體而又具有彈性的計劃。

談判計劃最好儘量簡潔，但主要仍須根據實際情況彈性調整。如果談判內容複雜、條款繁多，則應當制定相對完備且條理清晰的計劃，進行區別對待；如果談判內容較少，目標容易理解，則制定得簡單些無妨。

制定計劃的目的，在於方便談判參與者牢牢記住內容與目的，使主要內容和基本原則能夠清晰地印在腦海裡，進而抓住重點，得心應手地與對手周旋，並隨時與計劃對照，調整方向。因此，計劃既要簡潔，又不能忽略具體。所謂具體，並不代表定得過分細緻，而是指主要條款清晰、詳實，次要條款的筆墨相對減少。

另外，計劃的擬定還要具有一定彈性。

很多時候，事前定好的計劃無法因應談判中出現的一切變化，這時，就需要談判者領會對方的談話意圖，判斷彼此想法的出入所在，進而進行靈活的調整變動。

制定計劃過程中，談判者首先要先進行充分的市場調查，收集大量相關資料和情報，同時儘量與己方參與人員交換意見。

具體地說，擬定計劃時要注意以下幾點：

•擁有開闊的思路

制定計劃不能只考慮己方情況和意願，還應當考慮計劃內容會使對方產生什麼樣的反應，並採取何種應對措施。

因此，擁有開闊的思路便相當重要。計劃的制定，可以這樣進行：先把己方相關的談判要求寫在一張紙上，然後設想對方的判斷、了解，以及可能反應，寫在另一張紙上，兩相比較，以供參考，隨時調整思路。

•確立談判方向

談判方向，代表了談判的主導思想，但有時會與雙方共同協商制定的洽談目標略有出入。

談判方向可用備忘摘要形式簡要表達，一般為十幾到數十字的短句記錄，無須太冗長詳盡，只要達到提示作用即可。備忘摘要相當重要，可使參與者明確知道自己進行談判的目的，不至於離題太遠。

•計劃要有目標

既然作為指導談判過程的綱領，計劃的制定，自然以談判目標為基本出發點，同時圍繞著展開。如果脫離談判目標，計劃就失去了存在價值。

同時，也因為談判目標含有具體議程目標，因此在制定計劃時，也應當同時制定相應的談判議程表。為了集中並突顯焦點，談判議程表最多不要超過四個，如果必要，可以把其他問題作為附屬，列在主題之下。

●要制定談判具體協議的計劃方案

在談判中多擬幾個不同目標的計劃方案，不僅是科學決策的需要，也是迅速達成協定的需要。此外，還可以再根據目標，把計劃方案分為主要協定計劃和次要協定計劃，其中，主要協定計劃包括全面性、實質性和永久性的協議，次要協定計劃則包括局部性、程式性和臨時性協議。

當然，制定者應根據實際情況的差異，及時變動方案。

談判計劃的制定，可以幫助參與者釐清己方目標所在，避免焦點模糊或偏頗。但必須注意，無論有多完備的計劃都免不了遭遇變化，因此制定好的計劃仍要配合現實狀況做修正，切忌不知變通，綁死自己。

運用計謀牽著對手的鼻子走

先聲奪人的妙處，就在完全吸引住對方注意力，讓實力遠較自己更高強的對手同意己方提出的觀點。

商務洽談中，不妨採用先聲奪人法，以營造有利氣氛。在自身居於弱勢時，先聲奪人法也非常有效果，可以扭轉情勢，產生反弱爲強的作用。

以下，就是先聲奪人法在商務談判中的實際應用。

一九八四年，全面衡量了煤炭工業的發展需要後，中國大陸煤炭機械進出口總公司決定進口 L-1000 型電動輪裝載機，隨即與美國的 M 公司針對洽購事宜展開談判。談判前的沙盤推演，中國大陸代表認為，由於對設備的機械性能、生產效率以及相關使用技術資料知之甚少，恐怕難以取得主動權，很可能使結果對自己不利。為此，決定採用先聲奪人策略，以彌補劣勢。

洽談一開始，大陸代表就向M公司的代表介紹了未來煤炭工業的發展遠景、露天煤礦蘊藏量和不可限量的發展潛力，並進一步說明往後對此類機械設備的龐大市場需求。

成功挑起對方的興趣後，大陸代表緊接著提出建議，由於對設備功能與操作方法都不了解，也不曉得品質如何，因此希望M公司先提供一台裝載機，於霍林河礦區試用十個月，包括一個冬季，然後再依據作業性能、表現狀況決定取捨。若表現良好，自然留購並繼續引進；若表現欠佳，對方則將樣機運回。試用期間的零件與維修由M公司提供，所用燃料由己方負責。

儘管大陸代表在洽談中提出的方案對M公司來說不甚優惠，也無眼前利益，甚至還有些條件近乎苛刻，但並未遭到斷然拒絕。M方代表向公司總裁詳細通報了談判狀況與交易方案，並轉述中國大陸煤炭工業發展的前景及構想後，該公司決定接受，使中國大陸代表獲得了超乎想像的成功。

評估雙方狀況，對欲購設備的技術性能和指標都缺乏必要了解，中國大陸代表無疑是弱勢的，但卻因爲能夠在會談中營造有利氣氛，轉弱爲強，歸根究底，就在於恰如其分地運用了「先聲奪人」策略。

中國大陸代表在會議一開始就大談特談煤炭工業的發展遠景，以及其後將產生的巨大需求潛力，由於有理有據，成功吊起M公司的胃口，促使他們將目光放得更爲長遠，著眼更大規模市場，同意於初期做出某些必要的小犧牲。因爲策略正確，大陸代表完成了「不可能任務」，一舉獲得成功。

試想，若大陸談判代表不懂得運用先聲奪人計策，只被動地等待對方報價，必定將削弱自身討價還價能力，居於劣勢。

自身實力或條件不是決勝的唯一因素，應用策略的手法高明與否才是關鍵。先聲奪人的妙處，就在於會談一開始便完全吸引住對方注意力，讓實力遠較自己更高強的對手同意己方提出的觀點，乖乖被牽著鼻子走。

電話商談也大不簡單

電話商談是可以選擇的一種方法，但唯有在自身各方面準備明顯較對方更充分、完善時，才可能產生助益。

隨著時代與科技的演進，人與人溝通可憑依的媒介越來越多，除了最傳統的面對面商談，還有電話、電子郵件、手機、各種通訊軟體可供選擇。

但在商務談判的媒介選擇上，還是應當審愼，一切應以當面會談爲主，除非不得已，否則最好避免使用電話商談。

假如不得不在電話中商談，那麼一定要在事前做好充分準備，並且要比對方更充分，以求圓滿達成目的，並節省自身成本和精力。

某些時候，電話商談會比當面商談更容易切入重點、更有效率。不過，還是得注意兩者之間存在的許多不同：

1. 主動打電話的人，通常都能佔較大優勢。
2. 許多重要的事情在電話交談中容易被忘掉。
3. 電話交談容易使人感到壓力，被迫做出決定。
4. 即使只是很簡單的計算，也會在時間壓力下變得困難。
5. 容易分心，難以集中注意力。
6. 接電話者往往處於較不利的地位，往往一時間找不到自己需要的支援或資料，感到措手不及、窘迫。
7. 看不到對方的表情反應，難以察言觀色。
8. 無法提供證據，也無法做進一步調查。
9. 通話中，很難不被別人打岔。

除了以上九點，另外還有三個更大的缺點，在商業談判上，任一項的發生都足以引起結果逆轉，甚至是雙方的災難。

第一、電話商談要比當面商談更容易誤解對方的意思。

第二、沒有充裕的商談時間，難以完整表達、修正自己的想法。

第三、因為看不見表情，「不」字便沒有那麼難以出口。

電話商談本身無好壞可言，在商業活動進行的立場考量，也的確稱得上是一種明智的辦法。可是，人們在電話溝通過程中，常常會犯下一些不該出現的錯誤，而且是任何人都難以避免。

所以，電話商談是危險的，能省則省。

儘管當面商談才是最好的辦法，但在某些特定時機、特定情況下，有人會故意選擇電話作爲商業談判的媒介，因爲它是爭取注意力的有效工具。大部分人都不會讓電話鈴聲響個不停，而且一旦拿起電話，便不容易放下。

不久以前，芝加哥電台的一名廣播員在獲知某家銀行被搶後，便撥了通電話和銀行聯絡。猜猜看，是誰回答他？

是的，正是搶劫者本人，因為他無法抗拒電話的鈴聲。

更不可思議的是，在員警重重包圍下，他竟然還一直留在電話機旁回答問題，直到被捕為止。

聽到這件事情的人都不敢置信，認爲身處如此緊要關頭，竟然還有心情聽電話，這個搶匪實在太不聰明了！

但心理學家的想法卻正好相反，他們認爲這不是什麼奇怪的事，響個不停的電話鈴聲確實有奇妙的力量，可以對任何一個人的情緒與心理狀態造成影響，施加無形壓力。

迅速進行的交易很容易使其中一方陷於不利處境，電話商談正是形成迅速交易的最好方法。

除去這一點，電話商談也可能爲你帶來以下幫助：

1. 勇敢說「不」。

2. 不因視覺印象或感受差別而影響交易。

3. 可以擺出較強硬態度。
4. 可使自己的立場更堅定。
5. 方便適時進行討論。
6. 將彼此的地位差異減少到最低。
7. 限制不必要資料或隱私的流出。
8. 可以有意忽視對方的話。
9. 較容易在談話中打岔。
10. 某些情況下，可以減低商談的費用。

電話商談絕非談判的常態，只是可選擇的一種方法。但是千萬要記住，唯有在自身各方面準備明顯較對方更充分、完善時，才可能發揮妙用，產生助益。

輯 6.

做好準備，不錯失任何機會

在談判前先進行「預演」、「彩排」，假戲真做，當成「重頭戲」來唱，能有效提升己方的臨場反應速度與能力。

先找到目標，再追求成效

確立最終目標，可引導己方在談判桌上不偏離主題，不致因為突發狀況的發生或對手的蒙蔽，做出盲目決定。

做什麼事情都要有目標，然後再據以展開一切行動，才不至於白費力氣，談判當然也不例外。草擬計劃之後，便要以會談目標、會談程式、會談進度和參與人員四個問題爲重心，以確定談判要點。

• 確定會談目標

一般來說，一次談判往往只爲一個目標展開，因此在制定計劃時，也要以此作爲所有活動的中心。

為了保證參與者能夠準確無誤地進行談判，會談目標的表達應該言簡意賅，能用一句話講清楚的事情，便不用到兩句。此外，會談目標應當是己方的公開觀點，不一定要經過雙方磋商確定，也不一定要與談判主題完全一致。但是，我們應當知道，它是所有對外交涉行為的出發和歸結。

精明的談判者要能夠確定洽談的目標、內容、時刻，並講究說話的藝術，該嚴肅時要嚴肅，該風趣時則風趣。

另外，必須時時釐清自己現下所有行為的目的，究竟是為了促成買賣，還是為了儘快「送客」。為了談成買賣，可針對洽談對手的態度來決定對話方式，對方若友好，則多採用外交和文學語言，以「誠懇」交換意見；對方若不夠友善，以軍事語言相待，有時反而提高成功的希望。

如為了「送客」，不準備成交，則不管對方態度如何，均以禮相待，使用外交語言，用推卸辭令扣住對方，使他承擔「洽談失敗的責任」。

談判目標的確定，要先釐清四個問題：

1. 為什麼要選定這個目標？

從技術、經濟等方面綜合探究，明確定義它們之間的銜接關係。

2. 何者為主要目標？

一項談判可能涉及多項目標，因此，必須確定優先順序，使次要目標服從主要目標，保證主要目標的實現。

3. 要達到什麼程度？

明確定出最高目標和最低目標，以便在優先保證最低目標的基礎上，爭取實現最高目標。

一般而言，最低目標就是我方寧願離開談判桌，放棄經久合作項目，也不願接受比此更少或條件更低的成果。最高目標即以我方的公開立場，能向對方要求最多的利益。

千萬不要爲自己規定一個僵硬的最低限度可接受成果，因爲在規定死板下限的同時，也等同限制了以技巧獲取更多利益的能力，限制了透過刺激找出協調雙方不同利益，從而獲取雙贏的大膽構想。

4.這一目標與什麼問題關係最大？

能回答這個問題，就能找出解決關鍵困難的措施與途徑。

•確定會談程式

也就是議事日程，決定談判效率高低的重要環節。

必須在談判開始之前就列出我方的主要論點，否則在進行中，容易被快速交叉的會談纏住，忘記應說明的重要問題。

爲了避免遺忘，要預先思考己方立場，並寫下要點。

議事日程可以由參與談判的一方或雙方一起準備，制定時，要注意三個問題：一是互利，即不僅符合我方需要，也要兼顧對方的實際利益和習慣做法；二是簡潔，一般包含三、四個要點即可，切忌過多過繁，影響記憶；三是可操作性，千萬不要變成任意的或不可控制的一紙空文。

•確定參與人員

優秀成員是一場有效談判的根本保證，應該根據專案的難易，派遣不同背景的人員，組成眞正有效的陣容。

選擇談判組成人員時，企業的經理和相關關鍵人物一定要參加，方能應付各種狀況，及時權衡利弊，做出恰當安排。

以上準備雖然重要，卻絕對不可長篇大論，全部計劃確定後，要濃縮成談判綱要，以備談判時當作提示。談判綱要的語言應該簡單明瞭，具高度概括性，讓參與者一目了然。

在談判進行之前先確立最終目標，就等同指示出方向，可以引導己方在談判桌上不偏離主題，不致因爲突發狀況的發生或對手的蒙蔽，做出完全不合乎初衷的盲目決定。

制定談判方案，就不怕對手搗亂

方案的制定，在幫助談判參與者動員所有資源，更妥善地應對各種可能發生狀況，圓滿達成目的。

有了完備的事前調查，也有了目標和計劃之後，就該斟酌需求與狀況制定談判方案。可以說，這是決定成敗的關鍵。

談判方案的建立，必須以完整的調查研究爲基礎，並根據大方向，結合企業自身經營目標和意圖加以制定，從主觀與客觀的密切結合中，尋求合理方案。

●合理方案的標準

合理方案是一個相對觀念，而非絕對觀念。

任何一個可行方案都難以達到絕對合理，這是因爲要使方案達到絕對合理，需具備以下條件：

1. 制定方案前掌握所需的資訊與情報。
2. 對市場、技術、社會環境、談判對手的預測絕對準確。
3. 對談判的結果瞭若指掌。
4. 談判過程不受到任何偶然因素影響。
5. 談判者有始終一貫的目標、優先順序和完備的判斷能力。

然而，由於時間、經費、情報來源的限制，偶發性因素的不可避免，以及談判人員本身能力的限制，以上五大前提不可能全部具備，所以絕對合理的方案不可能存在。

此外，合理方案本身也是一個理性觀念。

人們在做任何事情時，不可能要求完美無缺，同理，談判不能以最理想方案爲目標，而只能以達到組織目標爲準則。

合理方案的選擇，受特定時間與條件影響。由於組織準備的能力、水準、方式各有差異，可行方案的數量多寡和內容完備程度自然不同。此外，由於人們對客觀事物的認識是不斷深化的過程，明天的認識往往又比今天更深，所以對於任何目標，都很難提出全部的可行方案。也就是說，無法確定最優方案是否已經存在於現有方案裡。

所以，談判者永遠只能得到一個較優方案。

●談判方案的內容

談判方案的內容，一般應包括：

1. 談判方針和策略。

談判方案中，必須書寫所要達到的最高目標和至少須滿足的最低目標，以及爲達成上述目標應採取的策略和步驟。

2. 交易條件或合約條款。

對交易條件或合約條款，應逐句逐字分析研究，徹底弄清含義，從政策、法律、經濟效益等不同角度進行衡量，從中得出哪些是可以接受的，哪些是必須改動的，又有哪些是應進行談判的。以此爲基礎，提出具體修正或改動的意見，以便在談判時予以貫徹，力爭實現。

3.價格談判的幅度。

價格是談判的中心環節，也是爭論最多的議題。

擬定談判方案時，對價格掌握的幅度應當有明確意見，並設計出爭取最佳結果的策略和具體措施。此外，還應蒐集大量可支持我方意見的材料，以便在爭論中做到「有理、有利、有節」，使對方心悅誠服，收最佳效果。

●談判方案的選擇

一般來說，每項談判都有若干可行方案，必須逐一進行全面且詳盡的評價，從中選出較爲滿意者。

談判方案的選擇，具體步驟是：

1.由專業部門或人員確定評價標準和辦法，對各方案逐一進行分析判斷，認真尋找差異，正確區分優劣，選出採用方案。

2.正確估計方案實施過程中，可能發生的情勢變化，執行將會引起的問題、影響和後果，並確定不良後果的可能情況和嚴重程度，經過進一步的利弊權衡後，補充制定應變措施。

3.整理評價結果，寫出評價報告。

4.經過討論，由企業最高領導者定案。

評價並選擇談判方案，一要注意資料的可靠性，避免決策失誤；二要結合談判的具體內容進行考慮，切忌脫離實際；三要重視領導者的關鍵性作用，並在統一的方針下進行。

• **預先排演模擬談判**

談判展開前，最好能預先進行排演。

如果能夠預先演出整個談判過程，既有人扮演我方角色，也有人扮演對方角色，還有人扮演對立面角色，就能檢查出計劃的安排和方法的選擇是否恰當適用，也幫助了解談判中可能發生的問題。

談判方案的制定，目的不在作爲不可推翻的限制，只是依循的參考，幫助談判參與者動員所有資源，發揮最大實力，更妥善地應對各種可能發生狀況，以圓滿達成目的。所以，要讓談判方案成爲最大助力，而非阻力。

慎選談判的參與人員

談判的參與人員要能透過事先的資料收集與臨場交鋒，分析並摸清對手底細，從弱點處下手，以求得到最大效益。

千里之行，始於足下，涉外談判的起始點是洽談、磋商、簽訂合約，最終目的則在取得經濟實效。

爲了保證對外經濟談判能取得預期效果，應該根據以下若干原則，派遣不同的人員，組成陣容不同的談判班底。

- **根據專案規模大小與難易**

準備談判時，應該考慮環境、談判的主題及重要性，儘快做出決定，是單獨參加？還是以小組爲單位？

小組談判的好處，是能容納具不同技術背景的人參與，以求集思廣益，更完善地解決所有問題。

單獨談判的好處，在於可避免對手向小組中較弱的成員發問，也防止小組成員產生意見分歧，並將責任單純化，完全交給一個人，允許他於現場做出決定，擁有讓步或接受讓步的自由。

不應該忽視的是，即使在一對一的單獨談判場合中，仍然需要各式各樣的人員作爲後盾。

當你單槍匹馬出面談判，就等同代表了一整個小組，需要把自己訓練一個合乎要求的專家。至於是哪方面的專家，則取決於談判需要。

談判班底的規模及參加人員的多寡、組成，可因專案需求的不同而定。

一般來說，若有關商品交易，通常由主管業務者參加，對於技術引進的談判，則由業務人員、技術人員、法律工作者組成談判小組，在統一領導下，分工負責，協同工作。

•根據專案的重要程度

一些大型的、內容複雜的交易，像是中外合資經營專案或技術引進專案，在進行談判時，必須組織出陣容堅強的班底應對。

一般來說，談判高手都希望以小組爲單位參加談判，參與者過多或過少都相當不利，因爲談判過程中要進行很多活動，難以面面俱到，最好由幾個成員共同承擔，比較不至於出差錯。

不論小組的規模大小，都應該仔細選擇成員，對各種不同的談判技巧加以平衡。如果每個成員的技巧和看法都相同，就會忽視同樣的問題。

談判小組應該由一群談判專家組成，使每個人都應該在各自的專長範圍內，進行談判工作。

組長的職責就是充分發揮成員的專長，利用每一種可能的方式，增進自身的小組威信。例如對一個工程師，就不能只介紹說「他是我們的工程師」，而應該強調介紹他的經驗、功績和特殊資格。

要知道，在某方面具權威者，較之沒有權威的人，必定能產生更大影響，這種優勢必須加以利用。

•根據對手的特點

談判小組成員不僅要有靈活成交的本領，還要有善於拒絕「有損條款」的能力，做到積極主動，運籌恰當。

此外，還要能透過事先的資料收集與臨場交鋒，分析並摸清對手底細，根據對手的特點制定戰略，從弱點處下手，以求用最短時間得到最大效益。

我們可以事先制定明確的目標、完備的計劃與方案，但最終的執行者都是「人」，因此更突顯出談判小組組員的重要性，在挑選上不可不慎。

充分準備就不怕力氣白費

談判是一種雙向溝通，如果對方對你的談判內容一無所知，或者知之甚少，會影響反饋的速度，導致延誤。

談判展開前，參與者務必要作好充分的調查準備工作，不僅掌握市場方面資訊，更要完整收集對方的情報資料，儘量做到「知己知彼」，以便能更妥善、合理地在談判中做出決策。

談判前的調查準備，必須滿足以下幾個標準：

• 了解市場動向

想做好充分的調查，就要先了解市場動向、運輸條件和潛在消費情況。不僅要調查市場銷售情況和同類產品的競爭情況，還要了解產品的生產和消費需求狀況，以及產品的經銷管道等。

透過市場調查，可以有效預測產品的競爭力，也有利於在談判中進行討價還價，爭取更高利益。

●考慮本身的立場

在談判展開之前，談判者必須進行正確的自我分析，務求清楚自己所擁有的條件和實力。因爲談判局勢會不停地變化發展，由於雙方實力的消長，談判的主動權有時候會掌握在你手中，有時候則掌握在對方手中。

正確認識自身立場，隨時把握談判中變化的形勢，才能適時地施展所具有的談判策略和技巧。

●了解你的對手

談判過程中，僅知道自己的實力情況遠遠不夠，還應當進一步了解對手。

如果談判者以前與相同對手談判過，則不妨查看一下當時的記錄；假如雙方並不認識，則可以透過中間人獲取相關情報，務求透徹了解對方的經營情況和資金、信譽狀況。

唯有了解對手，才能預測對方在談判中可能採取的措施，以及水準高低、決策的方式等。這些都有助於找出合適對策，進而在談判中掌握主動權。

●讓對方對你有適當了解

談判進行前，除了要預先估量出本身強弱外，還要設法探查對方對己方的了解程度。

完成這兩項談判的初步準備工作，將可更有效運用各種談判技巧。一方面，必須設法使對手對己方的實力有正確了解，另一方面，根據對方對你的了解而制定的方案進行預測。

此外，還要讓對方適度地了解你的談判內容，因爲談判是一種雙向溝通，雙方必須在彼此了解的基礎上展開討論。如果對方對談判內容一無所知，或者知之甚少，會影響反饋的速度，導致延誤。

當然，讓對方了解談判內容，並不是要求你向對方暴露自己的所有想法與機密。主要交易條款可以讓對方清楚，原則性的問題和目標則是己方的內部秘密，必須嚴加保密，以免導致不利。

自我評估，將狀況摸清楚

要對自己有全盤且真實的了解，無論長處短處，都摸得一清二楚。當然，對競爭者的情報和行動也同樣不可放過。

進行商務談判時，分析他人是必要的，但更重要的是分析自我。只有科學、全面地認識自我，才能眞正把握住自己；只有眞正地了解自己，才能在談判中克己之短、揚己之長，於實際交鋒中正確地估計談判進程。道理說起來容易，但實際做起來並不那麼簡單，因爲人們總是容易高估自己的實力，難以正確且公正地審視自我。

了解自身的缺點與不足，和發現對方的弱點一樣重要。先認識自己，才能找出合適的參談人員。

- **認清自己**

所謂參談人員，就是直接參與談判交鋒的當事人，他們的素質和談判技巧高低足以直接決定結果，可以說「選擇優秀的談判者，等同成功的一半」。

參談人員代表了企業的形象，因此必須慎選，力求德才兼備。

認識自己，主要得從經濟實力和談判人員兩個方面考慮，主要內容包括我方組織規模，我方的市場狀況，我方在該項經營談判中是否有豐富經驗，我方與外界（政府、銀行）的關係如何等。

- **避免露出破綻**

認清自我之後，就要進一步認清競爭對手，若是不能做到這一點，很可能導致許多弊病產生，例如讓第三者漁翁得利。

談判過程中，最忌諱露出破綻，讓第三者乘虛而入。往往在雙方討價還價之際，第三者會悄悄滲入，坐收漁翁之利。而且，這樣的第三者由於不引人注目，往往爲雙方所忽略，導致功敗垂成。

一九九二年，因爲法國向台灣出售幻象戰機，中國大陸當即宣佈撤銷法國駐廣州領事館，並取消廣州地鐵合約。趁著這個機會，德國乘虛而入，搶走了許多大額的商業交易。

德國不僅搶走了法國的生意，連美國克萊斯勒公司與「中國一汽」的長期合作協議也一併奪走，使美國與法國損失不少。

這樣的案例，就是標準的「乘虛而入」。

因此，談判展開前，要對自己有全盤且眞實的了解，無論長處短處，都摸得一清二楚。當然，對競爭者的情報和行動也同樣不可放過，務求時時掌握最新、最完整的資訊，雙管齊下，以求全面克敵制勝。

做好準備，不錯失任何機會

在談判前先進行「預演」、「彩排」，假戲真做，當成「重頭戲」來唱，能有效提升己方的臨場反應速度與能力。

爲了取得談判勝利，事前必須進行的各項準備工作絕對不可少，除去前幾篇所提及的目標釐清、方案制定、人員選擇、市場分析之外，物質方面的準備也同樣不容忽視。

所謂物質準備，特別針對大型商務談判而言。最起碼的要求，是準備方便談判進行的場地，以及各種方便傳播通訊工具，如電話、傳眞機等，還有供雙方休息的場所。

事實上，物質準備中，藏著相當大的學問。

•座位的安排

在大型商務談判中，該如何入座才是得體的呢？

談判桌無非是圓桌、方桌、長方形桌等等，根據調查，多數人喜歡圓桌，理由是舒服且有積極的正向作用。

那麼，如何入座較適當？

一般來說，如果雙方關係友好，預計談判順利，則混在一起坐也可以。但如果估計談判對手相當不好應付，甚至可能出現劍拔弩張的局面，最好分開坐。與同伴坐在一起有壯膽的作用，不僅能協助主談人，也方便保密。

若是規模較小的二至三人談判，則可不必講究。有些場合，雙方參與者們甚至在辦公室裡的某一張桌子旁坐下，直接便開始。

•禮品的取決標準

在物質準備中要注意的另一個問題，就是「禮品」。

談判當中，相互饋贈一點禮品是免不了的，這是爲了聯絡感情。送禮時，往往會先按照客人的身份來決定額度，然後再挑選禮品的種類。

有人覺得禮物若太便宜了會拿不出手，可實際上並非越貴重越好，貴重禮物未必能使受禮者感到高興，說不定還會產生「行賄」嫌疑，或者感到過意不去，造成心理負擔。

因此，最普遍且保險的做法，是送一些價值小但有意義的紀念性禮品，達到「禮輕情義重」的效果。

送禮是有學問的，必須「投其所好、投其所愛」，如果禮品適當，即便是不值錢的小東西，也能博得對方的好感。此外還要注意，如果是向外商送禮，由於對方必須乘飛機往返，所以禮品體積不宜太大，容易破碎或不便攜帶的物品更不適宜，必須避免。

物質條件準備中，對於外地、國外來的談判對手，還牽涉到食宿的安排。這一方面，由於各國、各地經濟發展水平不同，文化習俗各異，企業的經濟實力也不盡相同，對手的地位、資歷等各有差異，很難一概而論。但無論如何，都須力求尊重對方的風俗習慣與要求，儘量提供令人滿意的服務，使產生賓至如歸的感覺，對促使談判成功大有好處。

接待來台外商，在吃、住的安排上，要考慮以下事項：

•住宿安排

一般來說，對方會預先通知我們何時抵達，所以，最好在他們尚未出發前便詢問清楚對住宿的安排。

若是對方委託己方代訂飯店房間，且又是初次來到這個城市或國家，最好安排在當地的著名飯店下榻，這是最安全且省事的辦法。

•招待

招待過程中，總有人會想盡辦法，力求在飯桌上擺滿山珍海味。其實，不管你花多少錢，將過程設計得多麼豐盛或隆重，只要不能使對手感到滿意，就等同毫無用處。

同時還應注意，若有需要設宴招待，最好不要在談判對象所住的飯店舉行。一般說來，外商會把自己所投宿的飯店當做臨時住所，即臨時的家，若在住宿的飯店被招待，無異於在自己家中被招待，並不妥當。

物質準備會不斷進步、改善，是與時俱進的。

相較於亞洲人，歐美商界人士對於談判前的準備工作，一般都較爲認眞，力求面面俱到，從不馬虎。

許多學者提出，在談判前先進行「預演」、「彩排」，找一些人各就各位，扮演談判對象，假戲眞做，當成「重頭戲」來唱，能有效提升臨場反應速度與能力，即便碰上措手不及的狀況，也不至於演變成難以控制的局面。

切記，準備工作絕對有必要性，應予以足夠重視。

進行事前分析，談判更容易

對文化社會環境進行一定的研究，將便於更快、更透徹地理解對方的行為，避免因價值觀念的差異，引起誤會。

任何計劃或活動的進行，都免不了會和「人、事、時、地、物」發生交互作用，因此談判的進行，多少會受到環境影響。

爲了有效減少干擾，並提高效率，進行商務談判同時，應對以下各類環境因素進行分析研究：

- **政治法律環境因素**

政治法律環境是指商務談判時的政治「大氣候」，以及與談判專案相關的立法環境。政治法律環境對談判的影響是全面的，既可能左右談判的結果，也可能關係到談判協定的履行效果。

1. 釐清政治環境包含的內容

第一、關於政治制度與國家性質。國家的性質爲何？掌權階層的狀況如何？政權組織形式又是怎樣組成？凡此種種，都應首先釐清，因爲它們與國家將採取的政策方向密切相關，可能對商業活動進行產生巨大影響。

第二、政府的政策傾向。國家政策是改革開放的，還是偏向保守封閉？是緊縮的還是擴張的？對某一產業抱持支持扶植的態度，抑或傾向於限制？

第三、政局和社會的穩定性。談判環境中，有相當重要的一部分受到政局和社會的穩定性影響。歷屆政府的政策雖然有某些連續性，但不穩定會對政策的連續性帶來威脅，尤其敵對勢力執政後，一切便可能有一百八十度的不同。社會的穩定與否，絕對是影響商業風險大小的重要因素。

第四、社會風氣狀況。

社會風氣狀況不僅受到歷史的、傳統的原因影響，也和政治脫不了關係，如經濟政策的開放程度、行賄受賄狀況是否嚴重等。

2.釐清法律因素包括的內容。

與商務談判有關的法律因素是多方面的，種種國內外法規的完善健全程度，決定了合約的履行是否具一定保障。

對法律的特殊限制和規定尤其要加以注意，因爲地方性法規目前在不斷增多，兩地間針對同一問題的規定很可能截然不同。爲避免因習慣帶來的誤解和錯覺，有必要分清不同地區在法律上的特殊規定。

• 市場條件的可行性

分析市場環境，主要是指市場行情定勢、供需狀況和競爭狀況。

1.供需及競爭狀況，與談判方實力的對比相關。

例如，在完全的壟斷經營條件下，居於壟斷地位的參與者，無疑在談判中佔據明顯優勢。

2.市場條件的分析，應包括相關商品的供需狀況。

這裡所說的相關產品，指的是替代品、互補產品和前、後續產品。相關產品的發展狀況，會直接對重點商品的銷售產生影響。

一旦某直種商品的替代品獲得快速發展，便可能導致市場狀況由供不應求轉爲供過於求，甚至無人問津。

某種補充品的發展，同樣會對商品本身的銷售產生影響，若互補商品發展迅速，可以推動這種商品的發展；若互補商品的發展緩慢，則會造成阻礙。

前續產品（原材料或初級加工產品）的供應充沛，有助於增加產品本身的供應量；後續產品的增加，則會提高對商品本身的需求。

透過相關產品供需狀況的分析，可以判斷出某項目現在的銷售狀況與未來前景，由此斟酌可否進行談判，或者是否具備談判的需要與價值。

•經濟和技術的可行性

經濟技術的可行性，是對談判專案在經濟和技術上的合理性分析。

經濟上的可行性指能否獲利，技術上的可行性則是指技術水準能否達到要求，是否具現實的可發揮性。以上兩者的分析研究，可爲談判中正式的報價和底價的確定，提供科學依據。

經濟上的可行性，要在相關市場環境研究的基礎上，透過預期成本、數量、利潤的分析，驗證是否能帶來理想的經濟效益。這方面的計算，將涉及到複雜的成本核算問題。

技術上的可行性分析，應在掌握技術現狀、技術走勢及自身實力的基礎上，確定談判中對技術指標的要求。商務談判中若涉及到貨物買賣，就要釐清技術是否可以達到要求，能否確實履行合約。如涉及到技術轉讓和引進，則要對技術本身的水準進行測試。此外，技術引進方還要審愼地評估自己，判斷是否已具備消化吸收技術的實力。

●商業習慣、風俗禁忌方面的可行性

不同地區、不同國家的商人有各自擁有不同的習慣、信仰等等。實例證明，對文化社會環境進行一定的研究，將便於談判參與者更快、更透徹地理解對方的行爲，避免因價值觀念差異，引起不必要的衝突誤會。

因此，在談判或交易進行之前，先花點心思了解對方的生活標準、時間習慣，甚至摸清收禮的喜好、社交狀況等等，都有相當的必要。

透過以上一連串分析，可以幫助你在談判進行之前先估算可行性高低，並判斷是否有投入的價值。若有，則全力展開其後的規劃、策略擬定、成員召集；若無，則及早抽身，轉而將資本投向更有價值的市場或目標，避免造成時間與金錢的無謂浪費。

輯 7.

以氣勢換取優勢

氣勢與談判結果的勝負是相輔相成的，一旦在氣勢上取得優勢，談判局面自然而然將跟著自己的方向走。

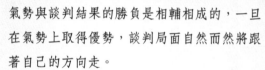

拿捏讓步也是一門藝術

取得主動權，就等於掌握場面的控制。若是可以更進一步運用讓步的技術，便能將對方的情緒跟注意力抓在手裡。

美國商人的最大談判特點、最鮮明風格，即所謂「先發制人，再論其他」。他們之所以堅持如此，是基於以下思想：所有和自己展開談判的人，都是必須儘快擊敗的對手。

可以說，這種談判風格的建立，深深根植於美國人強烈的獨立精神、競爭意識，以及喜好辯論且缺乏耐心的傳統。

諷刺的是，被公認的成功談判藝術，恰好根源於截然相反的價值觀念——在談判中，真正可達到助益的態度，是相互依存、合作、討論與耐心。

談判與解決矛盾聽來很像，但實際上完全不同。

解決矛盾的主要目的，在調解公司內部各方面的分歧，至於談判的主要目的，則在解決公司和外部各種力量，例如其他公司、客戶、政府機構或者消費者之間的分歧。

解決矛盾是內部事務，談判是涉外事務。

於商業談判中智鬥勇的目的，就在不讓對方有可乘之機。須知「一步放鬆，步步被動」，深究於談判中遭遇失敗的原因，可以發現往往與喪失主動優勢、居於被動有關。

許多談判高手都同意，商業談判應依循以下原則進行：

• 為自己留下討價還價的餘地

身爲賣方，喊價當然要高些，如果是買主，則要想辦法將出價壓低。不過無論高低，都應符合市場行情，不能亂要價，務求保持在合理範圍內。

• 讓對方先開口說話

讓他表明所有的要求，先隱藏住你自己的觀點。

- 讓對方先對重要的問題讓步

當然，只要你願意，在某些較不重要的問題上，也可以先讓步，以表示自己的善意，爭取更多機會。

- 讓對方努力爭取所能得到的每樣東西

人們對於輕易便獲得的東西，總是不太珍惜。

- 不要太快讓步

晚點讓步要比一開始就讓步更好，因爲越是讓人等待，就會越令人珍惜。

- 同等級的讓步沒有必要

即便對方讓你五步，你大可只讓他三步，如果對方說你應比照辦理，同樣讓五步時，你可以明白地表示自己無法負擔。

- 不要做無謂的讓步

每次讓步，都要從對方手中得到某些益處。

- 做些對自己沒有損失的讓步

例如，說「這件事我會考慮一下」，也是一種讓步。

• 不放棄任何可能利益

無法吃到大餐，便要想個辦法吃到三明治。即便連三明治也吃不到，至少也要想辦法得到一個承諾。

不要掉以輕心，記住每個讓步都包含著自己的利潤。

• 不要不好意思說「不」

大部分人都怕說「不」，其實，如果你說了夠多的話，對手便會相信你眞正的意思是在說「不」。

所以，要耐心些，且保持立場的前後一致。

• 不要出軌

儘管處於讓步的情況，也要保持對全局的掌控。

• 有錯就重新來過

若是在做了讓步後想要反悔，也不要不好意思，大可說出來，重新商量。在達成白紙黑字的協議之前，一切都還有轉圜餘地。

・控制時間與速度

不要因爲沉不住氣，做出太快或者太多的讓步，以免對方過於堅持原來的價格。在談判的過程中，要隨時注意彼此讓步的次數和程度。

取得主動權，就等於掌握場面的控制，佔有絕對優勢。若是可以更進一步運用讓步的技術，便能將對方的情緒跟注意力牢牢抓在手裡。在談判桌上，是一項足以發揮強大威力的武器，值得好好鑽研、運用。

拿捏如何讓步，正是一門必修的藝術。

把開場白說得更精采

開場白若是說得好，將有如「畫龍點睛」，若是說得不好，則會澆熄聽眾或對手的興趣，連帶使談判無法進行。

放眼人與人的各種溝通，「開場白」都扮演著不可取代的重要作用，尤其在進行口頭談判時，更是可能影響結果的關鍵。

讀者可以選擇在何時、何地閱讀書面的東西，聽眾則不同，時間和地點都無法自己選擇，而且未必能夠專心一致，腦子裡很可能同時還裝著許多其他的事情。因此，許多談判專家建議，利用談判開始的前幾分鐘，說一段能有效集中注意力的開場白。

具體而言，構築一段精采的開場白，應當滿足以下標準：

•明確目的

在談判過程中，開場白必須達成的任務，共有四項：

1. 提高聽眾的興趣，特別是當他們明顯提不起勁的時候。
2. 向聽眾揭示自己所說的話和他們的利益關係。
3. 若是聽眾對你不熟悉，或者你在聽眾當中的威信度不高，開場白的任務，就在於使他們明白你確實具備資格與能力。
4. 提供一個與聽眾建立親善關係的機會。

爲了達到以上這些目的，應透過不同技巧提高開場白的內容與吸引力。可以考慮藉以下一個或多個技巧，說出自己的開場白。

1. 運用幽默。
2. 談談非同尋常之處。
3. 談談大家都熟悉的事。
4. 運用鼓動聽眾技巧。

這些雖然只是小技巧，卻能發揮超乎想像的作用。

•明確闡述論點

想要明確闡述論點，把材料組織得有條有理，可以透過以下幾點完成：

1. 預告主要論點

預告談判內容的目錄、議程表和提綱。

商務談判中最常見的問題，就是缺少預告，因此在開始討論主要論點之前，一定要做明確的預告。

在較正式的場合，預告可以用類似的模式開始：「在下面的二十分鐘裡，我將對東南部、東部和中西部的銷售進行討論。」

若是不那麼正式的場合，則可以這樣進行預告：「接下來，我想談談三個區域的銷售資料。」

總之，預告的目的，就是給聽眾一個關於即將要討論方案的內容輪廓，並下一個概括性提綱。

2.闡述主要的論點

開場白和預告之後，就要開始闡述主要論點。每一個主要論點的內容，都必須與談判預告完全一樣。

許多談判者會犯下一個毛病，就是預告了論點之後，卻只討論其中的一部分，或隨意增加另外的論點，因而讓聽衆感到一頭霧水，不知所以然。

3.限制主要論點的個數

要限制一次談判中主要論點的個數，因爲聽衆能夠消化的資訊比讀者少。認知心理學的實驗結果顯示，主要論點若多於三到五個，人們便不易領會。

當然，這不是說每講完三個論點，你就必須坐下休息一段時間，而是該試著把複雜的想法細分成三到五個方面，以方便理解。

4.使用清晰的承接詞

與寫文章相較，言語交談更需要在主要章節或主要部分之間，使用較長、更清晰的承接短語。

聽衆與讀者不同，很可能記不得你所列舉的是什麼，因此，不要用「第二」或

「另外」之類的簡短承接詞，使用「第二個建議是」或「這個系統的第二個好處是」一類比較長的承接短語，反倒有助於記憶。

5. 做階段性小結

下面是階段性小結的例子，然後是向下一主要部分過渡的清晰轉折：「我們已經討論了這個市場計劃的三個部分──修改促銷計劃、增加直接郵購以及取消贈券計劃。現在，讓我們進一步來談談市場計劃的財務影響。」

先做總結，然後提示下一個主題，有助於掌握重點。

6. 使用有效的結束語

應當使用語氣比較強烈、明顯的過渡性短語，例如「總而言之」或「最後」，來當做自己的結束語。

有效的結尾，可採以下任何一種形式：

第一、做個總結。總結主要論點是一個有效的結束方式，你可能會覺得這樣做有些多餘，但的確有加強鞏固的效果。

第二、前後呼應。一種有效的結尾方法，是回到開場白中提到的反問、允諾、形象或故事，前後呼應，加深印象。

第三、以行動方案結尾。也可以根據談判內容來號召行動結尾，使得「下一步該做什麼」更加明確。

第四、談談對聽眾的好處。最後，還可以用分析強調如果聽眾聽從了建議會獲得什麼樣的好處，作爲結束。

開場白雖然只佔了整個會談的極小部分，卻可能產生比想像更爲深遠的影響。若是說得好，將有如「畫龍點睛」，若是說得不好，則會澆熄聽衆或對手的興趣，連帶著使談判無法進行下去，一定要仔細設計、運用，以求發揮最大威力。

抓緊對手，跟著主題走

保證談判的進行扣緊主題，讓所有流程都在控制下進行並展開，發揮最大效率，就是培養「入題技巧」的目的。

談判是雙方智慧與耐力的較量，乍聽與賽跑很像，其實完全不同。賽跑的時候，先跑到終點者就是贏家，談判則不僅要具備實力，還要掌握各項技巧，任何一個小節的變動，都可能影響全局。

談判雙方剛進入談判場所時，難免會感到拘謹，爲此，必須講究入題技巧，採用恰當的入題方法，以求活絡氣氛。

• 開場入題技巧

身爲一名有經驗的談判者，首先應該知道怎樣打開局面。

作爲談判者最先發送的資訊，開場入題就如同戲曲演出前的鑼鼓，直接影響對方的心態。一套好的開場入題能掃去參與者的懷疑心理和緊張氣氛，更有利於談判的進行。

開場入題表達的方式，主要有六種：

1.間接入題

一般談判的進行，一開始最好不要直接涉及主題，因爲這容易造成劍拔弩張之勢，影響融洽氣氛。

談判時可採取迂迴方式，如寒暄或談論雙方公司的簡單情況，或者與天氣、季節情況或對方家庭、親屬情況相關，也可以是目前最流行的事物或熱門新聞，還可以針對談判場所的一幅字畫或某個具體實物做些評論。另外，雙方公司的生產、經營、財務狀況也是不錯的切入點。

透過這些談論，可以幫助更自然地進入正式談判。

2.直接方式

開門見山，直接把自己的想法表達出來，讓對方一聽就明白。

直接方式是在雙方時間比較緊迫或已經熟悉的情況下，可以採用的一種策略，不僅能先從細節問題入手，也能從原則性問題入手，更能夠從某一具體議題入手，彈性很大。

開場入題的表達上，還要注意表現出友好問候、熱情眞誠態度。這樣能迅速縮短雙方心理距離，營造良好的對談氣氛。

如果一開始就對談判對手冷眼以對，或給他釘子碰，必定不利於談判的進行，因爲談判者和每個平凡人一樣，都有怕被拒絕的心理。要知道，無論他們是否具備十足勇氣，潛意識裡，多少都有懼怕困難、不願自找麻煩的心理。這就跟人們在登山或走路時，都願意挑平直的路，而不會自動往崎嶇不平、充滿險阻的路行走一樣。

3. 迂迴入題

爲避免入題單刀直入，過於直白，影響談判的融洽氣氛，可採用迂迴的技巧，例如從閒聊題外話、介紹己方談判人員或自身企業的情況入題等等。

4. 先談細節，後談原則性問題

即用談判主題，先從洽談細節問題入手，待各項細節問題談妥之後，再談原則性問題，自然而然地達成重要協定。

5.先談一般原則，後談細節問題

必須注意，這種技巧較適用於大型的商務談判。

由於需要洽談的問題千頭萬緒，雙方高層談判人員不應該也不可能參加全部過程，必須分成若干級別進行多次談判，因而有需要採取先談一般原則，再談細節問題的方法入題。

一旦原則問題談妥，細節問題洽談也就容易了。

6.從具體議題入手

大型貿易談判總是由具體的一次次談判組成，在每一次談判會議上，雙方可以首先確定本次會議的商談議程，然後再入手進行洽談。

• 導引入正題技巧

作爲一名談判者，應當學會看準時機，自然而然地把話導引入正題。

為了替一家合資企業尋找代言人，小劉挑遍了當今的紅星，最後選定最近正走紅的影星王小姐為目標，並約定時間前往片場拜訪。

王小姐梳著最流行的髮型，化著精緻漂亮的妝，衣著入時、牙齒光潔。但簡單寒暄之後，小劉很快發現到對方並沒有記住或聽明白電話相約談的問題，反倒滔滔不絕地談起了最近接拍的新片，以及拍攝過程種種有趣的事情。

小劉心裡相當著急，為了將話題引開，便談起廣告方面的問題，並徵求她對廣告的看法，想不到對方卻完全會錯了意。

只聽見王小姐笑著說：「對了，劉先生，你作為廣告公司的經理，能否為我們準備拍攝的下一部電視劇招點廣告業務呢？我在此劇中擔任女主角，另外的卡司還包括了……」

聽到這裡，小劉心念一動，馬上回覆道：「當然可以，對於這一點，妳可以向我們的客戶部王經理聯繫，他是這方面的能手。對了，您也知道，廣告的效果很大，是這樣的，我有一個客戶，希望能請您擔任產品代言人，這可以大幅提高您的知名度與曝光率，幫助相當大，請讓我詳細地說明一下。」

由此，談話就可以轉入正題，從而引出請她擔任代言人的真正目的，並展開相關的交涉討論。

像以上這種情況，若對手沒有弄清自己的意圖，卻大談一些與主題無關的事情，大可不必直接打斷對方的談話，最好能另闢蹊徑，自然而然地把話題拉回正軌，順著應有的方向走。

保證談判的進行扣緊主題，讓所有流程都在控制下進行並展開，發揮最大效率，就是培養「入題技巧」的目的。

以氣勢換取優勢

氣勢與談判結果的勝負是相輔相成的，一旦在氣勢上取得優勢，談判局面自然而然將跟著自己的方向走。

商業談判，基本上就是一種競爭，最終結果免不了有勝有敗，不是東風壓倒西風，就是西風壓倒東風，誰佔據主動，就意味著能夠獲得更多的利益。

因此，應採取一些必要措施，以求營造出過人氣勢，製造壓力，從心理層面壓倒對方，取得勝利。

可以採用的措施，有以下幾項選擇：

• 充分暴露對方商品的缺點

對商品所有缺點加以揭露，藉以達到殺價目的。

・採取拖延戰術

爲了使對方降低售價，你可以提出很多理由，予以拖延，尤其是對方爲賣方且急欲脫手時，更要採取拖延戰術。

你可佯稱需籌集資金，刻意拖延時間，直至賣方急得像熱鍋上的螞蟻，或等到待售期限的最後一個階段，再予以殺價。或者提出同類商品廉價出售的訊息，使賣方對自己所開出的高價失去信心。

・揭示早成交的好處

設法讓賣方充分意識到，如能早日賣出，先得現金，數月後所得利息，即可抵償商品價格差額。

・利用迂迴戰術

儘量透過第三者出面與賣方洽商，採取迂迴戰術，或派出多人分別殺價，將所殺價結果進行比較，得出賣方願售價格的底限。

・說點小謊

可偽稱代理遠方親朋購買商品，這樣即使你提出的殺價理由不夠充分，也不會使賣方生厭，說不定還會破例答應。

• 欲擒故縱

欲擒故縱的態度相當有效，幾乎可說是屢試不爽。

對於看中的商品，明明心下非常中意，表面仍要露出不滿意的表情，並提出不夠完善的種種理由，藉以殺價。

• 採用合夥之計

可採用合夥之計，告訴賣方你有合夥人擬共同投資，因此須與對方協商，且所出價格需經雙方同意，才能成交。這樣說的目的，同樣是爲了使對方急於成交，而將售價降低，可以算是拖延戰術的另一種利用。

氣勢與談判結果的勝負是相輔相成的，一旦用點小技巧，成功在氣勢上取得優勢，談判局面自然而然將跟著自己計劃的方向走，如此一來，取得談判桌上的勝利，也就不是難事了。

掌握全局，從探測階段開始

為保持氣氛的和諧，應提一提雙方已取得一致共識的地方，使談判在輕鬆的氣氛中繼續進行。

任何一場正式洽談，都會將探測階段放在首位，它對談判的整體進行，有著不容忽視的影響。

在探測階段，必須巧妙地設計開局發言、策略評估，並澄清立場，明白無誤地闡明我方想法與堅持，弄清對方意圖，並靈活、機動地調整策略，這是在探測階段必須解決的首要問題。

以下，分別探討解決三大首要問題的方法：

●開局發言

談判參與者在探測階段的開局發言，應當做到簡潔明瞭，提綱挈領地闡明我方立場，切忌因爲互相詢問、揣測對方意圖，對某個特定問題鑽牛角尖，因而影響整體效果。

發言內容上，應集中闡述我方的想法，包括認爲談判控制在什麼範圍比較合適、對哪些問題比較關心、哪些問題比較重要，應該優先考慮、我方秉持的基本態度、願做哪些方面的努力……等等。

談判的目的，就在取得符合雙方利益的積極成果，要實現這個目標，於探測階段就應當儘量搜尋各種合作機會。

因此，雙方談話的內容必須廣泛，儘量避免話題單一，致使談判誤入歧途。不過，必須注意，無論話題多廣泛，彼此之間仍應保持一定聯繫，即在多樣中尋求統一。強調聯繫性有助於雙方進行互利合作，而且還有相互啓發之妙，有助於創造出更多合作機會。

・策略評估

隨著探測階段的發展，對談判對手的意圖、策略、談判風格及個人修養等，都會逐漸有一定的了解。假如發現對方在開局至探測階段，始終閃爍其辭、態度曖昧，就可以斷定沒有多大誠意。

對於在探測階段所提出與得到的各種資訊，都要進行分析、整理，進而調整自身的談判策略。這項工作最好在休息時間內進行，如此既可保證專心致志地談判，又不影響雙方情緒。

因此，當探測進行至一定時間後，可以提議休息三到五分鐘，在這段時間內，要努力抓住具代表性的若干環節，集中分析對方的談判態度、意圖和策略。

例如，從開局以來對方的表現，是坦誠友好抑或令人莫名其妙？發言是否開宗明義？我方發言時，他們是認眞傾聽，還是尋機撈些好處？整個會談過程中，他提出多少建議，主旨是什麼？接受了我方多少建議？他們的談吐偏向靈活巧妙還是平鋪直敘？我方究竟採取何種策略爲宜？

• 澄清立場

對方發言時，一定要「洗耳恭聽」，間或澄清、概括對方談話要點，並適時發表見解，澄清自己的立場。

所謂洗耳恭聽，就是專心致志聆聽對方的談話，不做絲毫批駁。

澄清就是說遇到疑難問題，提出來請對方再加以進一步解釋或證實。

概括，則是指反饋對方的發言要點，聽清對方基本觀點之後，轉而談談自己的觀點。當然，爲保持氣氛的和諧，這時還應提一提雙方已取得一致共識的地方，並注意保持原貌，使談判在輕鬆的氣氛中繼續進行。

若能在開局發言、策略評估、澄清立場三大要項上同樣取得成果，達到預定目標，弄清對方的意圖並明確表示自己的立場，同時維持良好氣氛，便等同順利度過探測接段，爲接續的談判進行奠定穩固基礎。

操縱談判格局，自然得到勝利

資訊影響著我們對現實的評價和做出的決定，因此隱瞞真正利益、需要和優先事項，常常是雙方的共同策略。

談判的發展演化歷史已經相當悠久了，是人類社會活動中的基本行爲之一，涉及傳統與當代行爲科學。

美國談判大師賀伯·科恩指出，被我們稱爲合作談判的，絕不是透過施展各種手腕和詭計，爭個你死我活或兩敗俱傷的概念，而推崇「謀求共識、皆大歡喜」，使雙方達到最大限度共鳴。

• 緊握談判的權力

不可否認，權力是一種相當吸引人的東西，更是一種能夠把事情辦成、讓一切如己所願的能力或本領。

權力也是人們對你的一種認識，他們會認爲你能夠且願意造成一種結果，以提供幫助或造成傷害。

在談判中，可以把權力劃分爲競爭權力、正統權力、冒險權力、承擔權力、專業知識權利、了解「需要」的權力、投資權力、酬報或懲罰的權力、認同權力、道德權力、前例的權力、持久的權力、說服的權力、態度的權力等多種。

由於言語或態度導致的誤解猜忌，很容易使雙方都誤以爲對方比自己擁有更大的權力和威能。

• 限制談判的時間

時間的流動速度不變，所以我們應注意研究的，是時間對談判過程的影響。有經驗的談判者具有忍受緊張壓力的耐性，不逃避，也不爭吵，控制自衛反應，冷靜而機警地等待有利時機的到來，再展開行動。

相互對立的談判中，你應採用的最佳策略，是別向對方暴露實際截止期限。要明白一個道理：既然截止期限是談判的成果，所以往往比人們所認爲的要更加靈活，在期限之前，一切都可加以善用。不要盲目地遵循截止期限，但要考慮過於接近或超過限可能帶來的危害。

對方同樣有自己的截止期限，因此在許多情況下，他們平靜的外表只是爲了掩蓋內心的極大緊張和壓力。在不能保證於己方有利的狀況下，切勿草率行事，否則必定得不到最佳結果，唯有堅持不懈態度才是取勝最佳途徑。

人的想法或許不容易改變，但隨著時間的發展，情況會改變。在談判中，對方同時受到組織壓力、時間限制和嚴格的截止期限影響，必定會表現一些出乎你意料的反應，使陷入僵局的談判出現轉機。

•把握談判的資訊

資訊影響著我們對現實的評價和做出的決定，因此在談判期間隱瞞眞正利益、需要和優先事項，常常是參與雙方的共同策略。採用這種策略的根據，就是資訊的力量。

資訊是談判的權力所在，當不能夠完全相信對方時，尤其如此。參加談判，最需要得到的資訊，莫過於對方的極限，即超過後就不能行動的底限。所以，對於對手手的金融狀況、優先條件、截止時間、成本、實際需要和組織壓力等有越詳細的了解，就越容易贏得勝利。

此外，對方讓步行爲的增加額度，也在傳達眞正許可權的明確資訊。

● 釐清談判的層次

談判具有三個層次：個人與個人的談判、組織與組織間的談判，還有規模最大的國與國之間的談判，必須釐清層次。

● 提高並引導談判的取向

帶有取向的方法，可以控制談判局勢，抓緊對方與自己的需要做文章，使對手無法抵抗，乖乖被牽著鼻子走。因此，只要能掌握的、駕馭談判局勢方法的取向越多，於談判中獲得成功的機率就越大。

操縱談判的格局，就等同讓所有人成爲演員，在自己一手導演的劇本裡扮演某個角色。如此一來，自然不會有所謂「意外」，也沒有什麼能夠逃出手掌心，理所當然能獲得結局的勝利，讓自己成爲眞正的「談判高手」。

輯 8.

看狀況說話，別把場面搞砸

無論面對怎樣的對手，都以小心為妙，談判桌上情勢變化快速，不慎說錯一句話、一個字都能導致嚴重後果。

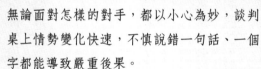

「老實」是取得信賴的最好方式

若是在談判活動中碰上理智型對手，最好能適度調整自己的說話方式，暫時捨棄聳動、誇張的言語，以免收到反效果。

做生意或者談判時，應該儘量展現出己方的優勢，掩蓋劣勢或弱點，達到人所說的「截長補短」或「揚長避短」。

但切記一點，花言巧語說得天花亂墜未必好，交易或談判過程中，應當使用何種策略以達到目的，須視情況與對方的態度，彈性決定。

縱橫美國房地產業多年，做成無數生意、幾乎戰無不勝的鉅賈霍爾默先生，曾經承擔過一筆令他相當煩惱的土地買賣。

這塊土地雖然接近火車站，交通便利，但不利的是緊鄰一家木材加工廠，免不了會聽見電動鋸木的聲音，對一般人來說很難忍受。

為了早日把燙手山芋推銷出去，霍爾默嘗試了許多方法，對好幾位買方竭力宣揚這個地方的種種優點，掩飾它的唯一缺點，但最後都因為沒有如實相告而使生意告吹。

難道真的沒有辦法嗎？總結前幾次的教訓，經過反覆且深入地思考，霍爾默又找來一位有意購買土地的買方。這一回，他決定改變以往的做法，直接用平實質樸的言語向買方進行客觀介紹：「這塊土地處於交通便利地段，比起附近的土地，價格明顯便宜得多。當然這是有原因的，因為它不巧緊鄰一家木材加工廠，所以噪音較大。」

霍爾默見顧客沒有馬上表示反對，便繼續說下去：「如果您能容忍噪音，那麼它的交通條件、地理環境、價格標準，都和您的要求非常符合，確實是理想的購買標的。」

聽完介紹，這名顧客在霍爾默的帶領下前往現場，感到非常滿意，當場便決定把這塊地買下來。

成交之後，他對霍爾默說：「先前你特別提到噪音問題，我原以為很嚴重，但經過那天的實地觀察，發現根本不算什麼。我過去所住的地方在交通幹道附近，重型卡車鎮日來往不絕，相比之下，這裡的噪音一天只持續幾個小時，而且車輛經過不至於使門窗震動，算是很好的了。總之，我覺得很滿意。」

「你這個人很老實，若換上別人，八成會想盡辦法隱瞞事實，光說好聽話。你能夠如實相告，反而使我放心。」

這筆無人願意接受的生意，最終靠著樸素實在的話語做成了。案例中，地產鉅賈霍爾默採用的策略，被稱爲「理智型談判方式」。

所謂理智型談判者，簡單來說，是指在談判過程中事事從理性角度思考並處理問題的人。遇事必定先問爲什麼，對人則保持相當的安全距離，不會過度熱絡，重在觀察對方，凡事做到三思而後行。

若是過於理智，會表現得內向封閉，雖然對事物看法較爲客觀，但給人冷淡、高傲的感覺。這種人討厭對方在談判中展現過分熱情的態度，或過分活躍地誇誇其談。他們生來個性較強，不輕易接受別人的意見，更難以被人說服。

此外，由於過於理智，不輕易相信他人，甚至常常懷疑對方存心誇大產品優點，掩飾缺點，免不了大幅度殺價，要求各種優惠條件。

理智型性格的人中，屬那些知識淵博、經驗豐富、以理智爲主、情感爲輔的談判者最爲高明，也最難對付。這種人在談判進行前必定對市場行情、商品性質、對手情況做過詳細調查，反覆衡量各種利弊因素，不鳴則已，出語則一言九鼎，決策穩妥可行，使人極難有反駁餘地。

若是在交易或談判活動中碰上理智型對手，最好能適度調整自己的說話方式，暫時捨棄那些聳動、誇張的言語，以免收到反效果。

商業活動語言未必都以花俏動聽爲上，某些情況下，誠懇老實態度和說話方式更能帶來收穫。

看狀況說話，別把場面搞砸

無論面對怎樣的對手，都以小心為妙，談判桌上情勢變化快速，不慎說錯一句話、一個字都能導致嚴重後果。

說話前，要了解對方的目的與個性，同時衡量自身職責，也就是做到「看狀況說話」，否則極有可能搞砸事情，連帶惹麻煩上身。

東晉時代，使者梁琛被派往前秦談判，他的兄長梁奕則正好在前秦任職尚書郎。秦王苻堅很想利用這層關係籠絡梁琛，便安排他住到梁奕家裡。

梁琛當然不會輕易中計，立刻加以拒絕，但秦王並不死心，暗中指派梁奕主動探問東晉的相關狀況。

幾次遭探問之後，梁琛萬般無奈地對梁奕說：「我們兄弟各有心思，各為其主，如果我說東晉好，恐怕兄長不願意聽，如果說東晉的短處，又有違使者的身分與職責，請別再讓我為難了。」

梁奕一聽，便再不好多問什麼了。

梁琛的話，看起來實實在在，平平常常，其實非常巧妙，清楚向對方表示了自己左右爲難的處境——無論說什麼，都會陷入不仁不義的境地，這樣一來，身爲兄長的梁奕又怎麼好再加以逼向呢？

像梁琛這一類的人，就是最難對付的理智型談判對手。

若在談判中遇到理智型的對手，首先要注意觀察他的性格傾向。如果比較內向，則自己不要誇誇其談，而必須設法激發積極性，特別著重在引發談興，透過一些問題逼迫他表態。性格內向不等於不說話或不會說話，多半只是不愛說話，如果以適當的方式激發，沉默者亦會積極發言。

如果對方過於理智且對事物多持懷疑態度，就必須提供有力證據佐證自己的論點或堅持，例如權威人士的鑑定書、官方證明文件、使用者案例證明，以及其他任何能消除懷疑的資料，加以說服，取得信賴。

千萬不要因爲對方的態度強硬，就主動在價格、優惠條件方面讓步，因爲這麼做只會加深對方懷疑的心理，適得其反。

對於因過分理智而持慎重態度的談判者，則要配合對方的步調，稍安勿躁，緩慢進行，無須強迫馬上接受自己的提議。

對於那些理智表現適中者，則盡可能同樣以理智的態度對待。你應在努力爭取自身最大利益同時，考慮到對方的利益，並表示出不會超越對方臨界點、過分侵犯權益的尊重態度。

無論面對怎樣的對手，都以小心爲妙，談判桌上情勢變化快速，往往不慎說錯一句話、一個字都能導致嚴重後果。身爲談判人員，絕對要認清自己的身分與職責，小心行事。

別對情緒化的對手說太多假話

一旦情緒型談判者發現你的「恭維」或「示弱」帶有虛偽，情緒便會當場一落千丈，並將厭惡之情溢於言表。

無論自身的說話方式偏向理智型或者情緒型，只要運用得當，都可以在談判場合收到效果。

著有小說《圍城》的錢鍾書，是近代知名文學家之一，所以常有各界人士主動與他聯繫，表示願舉辦學術討論會，或者爲他祝壽、開紀念會等等。

對這類活動，錢鍾書一律辭謝，並且強調：「不必花些不明不白的錢，找些不三不四的人，說些不痛不癢的話。」

錢鍾書這幾句簡單的辭謝語，便可歸類爲情緒型談判者的典型語言方式，雖然他本人並不是在談判場合說出以上的話。

所謂情緒型談判者，主要以情緒爲主、理智爲輔。

這種類型的人心胸比較開闊，個性隨和、說話直率、爲人坦誠、容易接近，情緒高昂時易與人達成協定。

他們往往具深遠的眼光，富決斷力、行動力、駕馭力、統御力，如能有效控制自身情緒起伏，足以成爲優秀的談判者。

但是這種人的不足也十分明顯，主要在於情緒往往呈現週期性變化，高昂時的工作熱情高，很多事情都容易解決，甚至可能超乎尋常地慷慨大方，若是陷入低潮，則任何事情都難以通融。不僅如此，還可能出言不遜，惡語傷人，憑一己好惡衝動行事，不計後果。

與情緒型談判者談判，因他們心胸開闊，待人接物不拘泥於形式，眼光深遠且富決斷力、行動力，一般說來較容易取得成功。

這類人較重感情，富於同情心，著眼於戰略問題，不拘小節，因此大可利用他們慷慨大方的一面，巧用情感、示弱爲強、以柔克剛，提高成功率。必須時刻注意觀察並把握他們的心理變化，設法保持高昂的情緒，同時也加以適當抑制，以免走向極端，導致產生攻擊性。

想在談判桌上取得勝利，任何訴諸言語的「示弱」或「恭維」都應當適可而止，以免造成反效果。

情緒型談判者愛恨分明，坦誠直爽，雖多少貪慕虛榮，但更討厭虛僞，一旦發現你的「恭維」或「示弱」帶有陰謀虛僞性質，情緒便會當場一落千丈，並將厭惡之情溢於言表，爲談判帶來不良影響。

富情緒的言語，最有魅力

三言兩語照樣可以表現出高雅不俗的氣質與美感，缺乏駕馭能力者生拉硬扯地賣弄斯文，附庸風雅，反倒貽笑大方。

情緒型談判者是一種概略稱呼，並不是負面名詞，專指說話行事時，感情運作與表現都先於理智的談判者。

他們的談話方式，一般呈兩種風格：一是激昂慷慨，二是華貴典雅。

所謂激昂慷慨型，是指喜好單刀直入而且反應迅速的談判者。常直接了當地表明個人看法和意見，喜怒好惡形於色。

至於華貴典雅型，則是指語言高雅嚴謹，講求文采，句法規範，長短句交錯有序，重視音節的對稱、工整，關聯詞語完備，並以自信堅定態度表達。

華貴典雅的語言最能充分顯示出魅力，較能引人入勝，感染聽衆，並使人體會美的感受，也因爲比較繁複、講究、莊重。這一類語言還可以展現對談判對手的尊重，爲雙方的溝通打下良好基礎。

有人誤以爲講求華貴典雅，一定要長篇大論或文白相間，其實不然。三言兩語照樣可以表現出說話人高雅不俗的氣質與美感，相較之下，缺乏駕馭能力者生拉硬扯地賣弄斯文，附庸風雅，反倒更讓破綻百露，貽笑大方。

無論用何種方式說話，都要力求適合自己的氣質與個性，當然也不可忽略技巧的培養，才能達成最後的目的。

有多少本事，說多少話，千萬避免因爲過分「打腫臉充胖子」，引起談判對手的輕視或不滿，丟掉本該到手的生意。

堅強的意志就是談判優勢

意志型談判者在人際關係上缺少一定的彈性，卻能堅持原則，因此若碰上事關重大的談判，指派他們出馬將最為恰當。

談判過程中，碰上咄咄逼人、言語刻薄的對手，與其針鋒相對，倒不如高明地以「意志力」壓制、克服。

第一次世界大戰結束後，英國聯合法、義、美、日等國代表，與土耳其代表在瑞士洛桑展開談判，企圖脅迫簽訂不平等條約。

會中，英國代表克敦態度傲慢，談吐囂張。土耳其代表伊斯麥提出維持土耳其主權的條件後，克敦當場暴跳如雷，不僅揮動拳頭、大聲咆哮，甚至出言恫嚇辱罵對方。

碰上這種狀況，應該如何應對？

局面與氣氛都相當緊張，伊斯麥卻態度安詳，視若無睹，等克敦聲嘶力竭地停下來以後，才不慌不忙地張開右手，靠在耳邊，把身子靠向克敦，十分溫和地說：「您剛才說什麼？對不起，我耳朵不太好，實在聽不清楚呢！如果可以，請您再說一次吧！」

想當然爾，克敦不能再重新發一次脾氣，氣勢頓時矮了半截，像顆洩了氣的皮球，連話都說不出來了。

土耳其代表伊斯麥，就是典型的意志型談判者。

意志型談判者，特指那些在談判過程中產現出強烈恆心、毅力與自制力的人。一般來說，剛強、固執、兇悍、頑固等特質多展現在此類人身上。

意志型剛強類談判者，最大特點是具有堅持到底的精神，深信「只要功夫深，鐵杵磨成繡花針」的古老格言，能做到善始善終，且性格嚴肅正直，說一不二，沒有通融性。

此外，他們只要有什麼想法就談什麼想法，甚至坦然將心底眞正意念和盤托出，完全不介意對方能否接受。同理，受到別人的強烈批評甚至惡意中傷，也能處之泰然，不被動搖。

這類人在人際關係上缺少一定的彈性，無法面面俱到，但卻能堅持原則，使人信賴，也由於忍耐力極強，能夠一肩扛起重要任務，不辱使命。

因此，若是碰上事關重大的談判，指派意志型談判者出馬將最爲恰當。堅強的意志，就是一種有利的談判優勢。

委婉含蓄也能達到目的

委婉含蓄的語言中蘊藏的思想和情感較多，言外之意也比較深，更需要聆聽者加以思考、理解、體會。

只要是人，多少都好面子，即便是自己做錯了事情，或理虧在先，也不希望受到他人指責。

聰明且優秀的談判者必須理解這個道理，視客觀狀況彈性調整自己的語言策略，以求說服對手，達到目的。

一位出差洽公的老先生，在廣州的街頭小攤上買了幾件衣服。想不到付款時，賣衣服的女子見他的錢包裡有幾百元美鈔，竟生了邪念，趁他不注意，偷偷把錢包塞進了衣服堆裡。

老先生發現錢包丟了，十分著急，眼見身邊沒有其他人此時只有他們兩人，確信是對方動了手腳，可賣衣服的女子非但不承認，還態度強硬地說：「你說是我拿了？那去叫警察來啊！」

老先生不急不徐地說：「別緊張，我沒說是妳拿了，是不是忙中出錯，混到衣服堆裡去了？請幫我找找吧！我一下子照顧了妳好幾百元的生意，妳怎麼能這樣對我呢？」

「想想，妳年紀輕輕的，在這個熱鬧街道擺攤，信譽要緊哪！再說，人家託我買東西，好不容易湊齊了百來塊錢美鈔，丟了讓我怎麼交代？妳就當行行好，幫我找一找吧！」

女老闆聽了這番中肯委婉的話，只好訕訕地說：「我幫你找找看就是。」

老先生一聽，立刻擺出感激涕零的模樣，答道：「太好了，我就知道妳是好心人，一定會幫忙的。」

果然，女子順水推舟，在衣服堆裡翻弄一陣以後，便「找出了」錢包。

透過一來一往的對話，你看出老先生採用的策略了嗎？

他沒有直接指責對方偷了錢包，而是表示可能忙中出錯，混到衣服堆裡了。這句話給了對方一個下台階，爲回心轉意創造了條件。接著，又進一步暗示、開導，要女老闆珍惜名譽，還談了自己的困難，以博取同情。眼見對方略有醒悟，他馬上給予熱切鼓勵。最後，終於成功促使女老闆良心發現，將錢包歸還，免去了一場重大損失。

自始至終，老先生都沒有追究對方的錯誤，而是以堅定意志與和緩態度並行的方式，將談判對手一步步地導向目標。

意志型談判者的語言風格，一般表現得較爲委婉含蓄，特點是言辭柔和、語義曲折，表達上儘量做到簡約婉轉，留有餘地。這樣的談判者不直接說出需要傳送的資訊，而是把眞正的意思藉僞裝修飾後的語言婉轉地表達，再輔以面帶微笑的平和神情。

所以，有人將此類技巧稱作「軟化」藝術。

這種說話方式能給對方溫文爾雅、不同流俗的印象。即便表達的是與對方相左的意見，也會因爲刺激性較低而有效避免衝突，緩和矛盾，使談判在友好、寬鬆氣氛下進行。

委婉含蓄的語言中蘊藏的思想和情感較多，言外之意也比較深，更需要聆聽者加以思考、理解、體會。由於眞正的意思不由說話人直接說出，也就不容易落人話柄，降低了在談判中陷於被動或僵局的可能性。

這不僅是自信、堅毅的表現，更是意志型談判者的一大優勢，值得有志強化自身談判功力者揣摩、善用。

輯 9.

談判之前
先進行沙盤推演

不要太注意細節，而應從整體或全域為出發點，不管前景有否障礙，都要建立正確的戰略戰術，以獲取有利的結果。

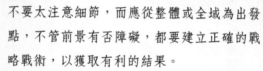

談判之前先進行沙盤推演

不要太注意細節，而應從整體或全域為出發點，不管前景有否障礙，都要建立正確的戰略戰術，以獲取有利的結果。

從「競爭性」談判模式在商界談判中的源遠流長，我們可以知道它是一種不能被人們忽略的談判法。

其次，我們應該知道許多與「合作式」談判有關的正確觀點和技巧，瞭解這些在應付日常業務、確立立場的過程中，可以彌補雙方的缺點。

機智伶俐的談判者，要採用對雙方最好的談判方式。

「競爭性」談判強調的是：槓桿運作的影響力、訊息、贏得利益。

「合作式」談判注重：解決己方和他方的問題、設定一個讓人心服口服的標準、開發獨創性的想法。

然後，把競爭式和合作式兩種談判方式組合成複合式談判法，所強調的是：它是類似沙盤推演的談判遊戲計劃，若是所談之事具有確實性，使用良好的判斷力，可以維持雙方適當的平衡。

如果雙方在達成協議時，分享共同利益，那麼複合式談判應該能夠幫助你在合理的時間達到自我的期待，不但利己，還可以保持良好的人際關係。

但是，複合式談判，並不是提供一個快速的和解辦法，也不是保證你不會受到挫折。關鍵是要注意每件發生和將發生的事，也就是說，你得睜大雙眼，瞄準對方並看顧自己。

- 集中思考雙方的優勢和弱點，而不是談判場所的瑣碎事情。
- 察覺對方玩的把戲和自己的遊戲。
- 敏感地發覺，潛伏在複雜或技巧性問題下的好處和壞處，因為事情往往是很少中立的。

• 留神對方和自己的可信度，試問自己是否被對方相信，試著影響對方的思想往你有利的方向發展，避免不確實訊息的傳達而危害你的理想目標。

最後，不要太注意細節，而應以整體或全域爲出發點，不管前景有否障礙，都要建立正確的戰略戰術，以獲取有利的結果。

在談判的許多範例中，槓桿運作的影響力，對談判雙方都會引起明顯的作用。談判中，某方有可能不知道對方影響力的來源。例如，賣方不知道買方隱匿的強烈購買動機，買方不知道賣方必須在某個時限釋出的負面影響力。

談判時大部分是從外表來決定如何使用影響力，但從外表判斷又往往不準確，會使你受騙上當。如果高估對方力量或低估自己，或是低估對方而高估自己，就常常會搞壞交易。

所以，談判開始時，首先要進行這些步驟。

試著評估自己的優點或缺點：如果你是強大的一方，要讓對方明確知道這一點；如果自己是弱小的一方，千萬不可讓對方知道。

試著評估對方的優點或缺點：對付強者，設法尋找應付的對策；對付弱者，牢牢抓住他鞭撻，直到對方拱手讓步爲止。

此外，也要推測對方對自己優點或缺點的認知，是否與實際相符：如果對方高估了自己，你就應引導他認清事實眞相；如果對方低估了自己，你就千萬不要聲張，好好利用這一點。

如果買主問你是否需要資金，面對這個問題，你該怎麼辦？你必須採取方法使對方得不到對你有害的訊息，而且不要讓對方從你的答話中推測出來。

如果回答「這不關你的事」，對方會推測出，你在資金周轉上一定有問題，對方會以此做爲談判中的籌碼。

如果對方比較外行，你可以保持沉默，或岔開話題，不去理會資金問題，藉著裝聾作啞而脫身。

但沉默也會產生負面推論，對方或許認爲你是不好意思啓口，或是不便說出，總之，沉默不是很好的回答方式。較好的方法，就是把你的回答導向較不敏感的範圍，也就是顧左右而言他。

例如，在房屋買賣時，如果你是賣主，對買方的這類問話，可以說：「這問題很有意思，你的仲介剛剛才說，對於想把住家和診所放在一起的醫生來說，這是一間很好的房子。」

也可以就特定問題做一般回答，例如，在回答有關你的「新房子是否有著落」問題時說：「很顯然的，我總是會有地方住，總不至於流浪街頭吧。」這樣的回答就不會使你上鉤。

反應靈敏的回答，可以把問題丟還給對方。

例如，在資金問題上，你可以把答話移向對方財務問題上，使對方不再單刀直入地對你造成壓力。

有種比較果斷的回答方法，例如對方在打聽有無其他買主時，身爲賣方的你可以告訴他：「我目前還沒有確定的賣價，但有一組買主很感興趣，出價每坪二十萬元。你想，我會擔負放著高價不賣，或便宜賣給你的損失嗎？」

或者，也可以這樣回答：「對不起，我不想談這方面的事。如果你喜歡這個房子，就請趕快下決定。」

或許，還可以這樣說：「我愛這間房子，決定賣掉這間房子，對我來說，真的是非常痛苦。既然決定要賣掉，長痛不如短痛，我希望趕快解決。你最好趁我還沒有改變心意之前，把合約訂定好吧！」

缺乏訊息就會不切實際

不管買方或賣方，除非你知道價值，已有實際期待價格做為談判策略的準則，否則，最好別先報價。

理性行爲是談判的根本，假如談判之時對方的期待並不切實際，你應該設法引導對方進入實際的狀況。

首先，你必須瞭解什麼使得對方的態度不切實際。出現這種情況，有兩個基本可能性：賣方的隱含價值觀點，賣方對買方出價期待值的觀點。

對方開價太離譜，你必須提供市價的訊息，讓他知道行情。改變對方的觀點，不要容忍遷就，讓他瞭解實際狀況。讓他去思考現實狀況，不要對他強調你的觀點是正確的，強迫他信服。

經過以上的交涉，如果對方的開價與你願意支付的價格還是相差太遠，你就必須再一次把他從幻想中帶回現實，讓他知道你的極限。

對方會表現出不實際的另一個影響力，可能心裡以爲還有其他的買方，而你此時應該有事實根據地證明其他買主並不存在。如果對方還是不清醒地不實際，這場交易可能無疾而終，或許你可以警告他說，潛在的買主的是虛幻而不實際的，但這麼說必須是根據事實。

如果身爲買主，你也可以大膽地告訴對方：「你去看看市場，就知道我的意思。但你再回來找我時，不要期望我還會用這個價格與你交涉。」

當然，你與大部分買方一樣，會不喜歡賣方眞的這樣去做。

不過，到了這一步，或許你掌握得很不錯，不妨這麼說：「你不要爲了林中的兩隻知更鳥，放掉已在手中的畫眉鳥。」

這當然是老話題，能不能創造出新意，就看你的能耐了。反之，你認定對方是實際的了，似乎也願意接受比開價少些的付款，卻不足以預測，是否會以你的支付價格達成協議，或許他又可能走回不實際的老路上去也說不定。

談判進入價格的階段，是賣方先開口報價，還是買方先出價？按規矩，應該賣方先開價，因爲貨物是他的，只有他最瞭解貨物的價值。

如果賣方堅持在他開價前要聽到買方的出價，該怎麼辦？

最好，買方還是堅持賣方先報價，因爲他根據對貨物的認識，報價可能會比你的出價低，如果你先出價，就永遠也不知道你出的價是否比對方的價格高。即使並非如此，對方先報價，你也可以得到有價值的訊息。

一般來說，缺乏訊息的買方，應該先不要出價。當然，賣方如果要保留立場，也可以先不報價。

談判專家奉勸賣方人士，要讓買方知道你想賣什麼價。談判專家同時也奉勸買方人士，應該告訴賣方你認爲的合適價格。

談判專家之所以如此勸告的道理，是因爲這樣才可以讓談判者控制價格問題。

一般聰明的買方，總希望對方按照他的意思開價，他若先開價，可以將自己出價的訊息傳達給對方，防止對方漫天要價。

賣方開價低於買方出價的情況，是少之又少的。眞實的交易中，情況剛好相反：賣方經常開出天價，買方要想成交，還得經過一場艱苦奮戰的路程呢！

賣方總覺得需要費很多精力，才能促使買方達到合理的價格範圍，即使開價再合理，也不會得到很快認同。然而，如果你請買方先開價，又不給對方任何準則，就更會引起這種事情的發生。

不管買方或賣方，除非你知道價值，已有實際期待價格做爲談判策略的準則，否則，最好別先報價。

保留價格的彈性空間

你應該在價格上留有空間，開價的方法應該介於極端開價和過度保守之間為上，可以讓對方覺得具有建設性，而做肯定的回應。

假如談判進入價格問題討論，而你正要採取步驟，卻不知如何下手，專家的建議是：選擇一個合適的起始點，不要太高，也不要太低價。

有些具有自我膨脹性格的賣方，總要把價格報得高不可及。買方不想交易而打算放棄時，會諷刺地告訴開天價的賣方說：「我有可能承受業務上的債務來買你的貨嗎？」或者說：「好吧，隨便你怎樣開價，反正我不買。」

另一種面對漫天要價的買主，策略是不走開，而是用亂殺價來報復賣主，使談判變得更艱辛、更糟糕，或者乾脆拒絕還價，讓賣方下不了台。

有些賣主的開價還帶有侮辱性，如一根香蕉開價十美元，意思是說：「你吃得起嗎？窮鬼！」這不但引起買方嚴重失望，而且會引起買方忿怒，甚至飽你老拳，交易也就無從談起。

反之，展現合作態度和眞誠信用的談判專家，會希望對方平等和適當的回應，儘量減少雙方的差異。

但再高明的談判專家，想法也不見得能如願以償，因爲不是每個買方都會像自己設想一樣做出合理的回應。對方可能會要求你更多的讓步，即使猶豫不決地邁向你的期待，也不如想像中那麼快順利成交。

因此，大部分聰明的談判者，會在合理價格的基礎上，留下上下浮動的餘地，這才是明智的。

假如你想賣掉一間房子，不久前，鄰居同樣的房子賣了好價錢，自己就想以那個價格做爲基準來開價，這是自尋打擊而已。

你應該在價格上留有空間，也就是強調你的房子維護得非常好，在鄰居的賣價上加上百分之五為起價。

開價的方法應該介於極端開價和過度保守之間為上，可以讓對方覺得具有建設性，而做出肯定的回應，唯有保留的價格空間，才能讓你在自然的情況下，小心地往期待目標進行。

對方的目標、你持有的訊息、雙方相關的影響力等，都是精確的數目，可做為準則，沒有它們，數字就缺乏依據。

賣方在交易時的一般原則下，該為自己留下多少空間呢？

根據專家推薦的開價，它不少於百分之十，不多於客戶期待的百分之三十。當然有的起始點是放在百分之十五到二十五的範圍之內，這是特定的情況，非必要時可以不考慮這個原則。

讓步就是為目的鋪路

到了談判的最後階段，雙方僵持不下，又沒有其他道路可循，均分差異是讓雙方都感到愉快的最好解決辦法。

均分差異的情況是，如果賣方開價三萬，買方出價一萬，若雙方願意均分差異，即以二萬成交。如果賣方過早提出均分差異，以二萬成交，但是買方仍堅持一萬，交易最終可能以一萬五千元成交。

在這裡，問題是誰先建議均分差異。如果你在等待對方提出均分差異的建議，有可能永遠也等不到，而你想這麼做，卻又怕冒風險。

如果由中立的第三者提出這個建議，就不會有患得患失的情況出現。

如果雙方在接受之前都堅持自己的立場不變，那就會失去成交機會，但這樣的堅持到底的談判並不多。

到了談判的最後階段，雙方僵持不下，又沒有其他道路可循，均分差異是讓雙方都感到愉快的最好解決辦法。不過，處理時必須很準確，避免增加負面負擔。為此，談判專家建議：「不要過早跳到中間，均分差異在差異很小時最有效。但縮小差異需要下功夫，不要讓對方強硬到說『到此為止』。」

談判之時要有耐心。如果你做了最後讓步，那麼就給對方機會接受那些條件，或是讓他建議均分差異。如果對方建議均分，即便有利於你，也不要馬上同意，要讓對方感到痛苦，這樣有助於鞏固這場交易。

如果對方不主動提出，想讓你做棘手的工作，那你就必須確定所有重要的問題都解決了，這樣，你建議的均分差異才能促成交易達成。

談判專家指出：「絕對不要說：『讓我們均分差異吧』，這種直接的說話的方式可能會被拒絕。」

專家建議：「寧可問：『你願意均分差異嗎？』如果對方說『好吧』，那麼你就馬上行動。假如他說『不』，你就該回答說：『那麼我也不願意』。如果對方反問你，你最好回答說：『我不知道，你呢？』或者說：『很多處於這種狀況的人，都會用均分差異來解決這種僵局。這不是我平常的風格，但是我剛好認爲這個數目八九不離十。』」

事實上，有些均分不一定各分百分之五十，尤其是已有接近對方數字的參考點時，就可以在參考基準點上，上下移動。

談判時免不了發生爭執，特別是雙方價格差異較大時，爭執更是異常激烈。有些解決爭端的原則，可協助你成爲談判高手時參考。

你若能努力說服對方，這是最有利的解決辦法。一定是對自己有利，才會說服對方，否則你不會在談判中費力勞神。

對方在未被你說服前，你必須讓對方相信和瞭解對自己是有利的，此時，你可以找出對方猶豫不決的原因，然後把問題處理好。

談判過程要有持續性，和解式的談判不可能馬上定案，但不管怎麼樣，你必須緊鑼密鼓地順應發展。

談判過程要有創造性，除了金錢之外，談判中可能還有其他物件可以讓雙方的立場一致。例如，有些財物的價值，如果剛好是一個自然可分割的東西，那麼雙方和解的時候，這個財物就可能被轉讓。但在雙方僵持不下時，有時雙方連財物本身的價值都很難取得共識。

談判時要嘗試漸進的方法，假如最初的談判已經浮現出困難的問題，不妨個別擊破它們。也可以把全部的問題分成好幾個部分，在得到一連串的小和解後，把它們組合在一起，可以爲最終的解決方案鋪路。

如何面對對方的威脅？

採取忽略態度，那將非常冒險，因為你的不回應可能會被誤解為害怕，使對方認為他的威脅正中你的要害，因而達到了威脅的目的。

如果你在談判桌上受到對方威脅，而你也知道對方的言詞並非虛張聲勢，那麼你準備如何回應呢？

先假設這個威脅是以逞威風的態度說出來的，對方大聲而臉色漲紫地大叫，拳頭在桌子上猛捶，你恨不得馬上把他吼回去。

千萬不可這樣，你可以冷靜地警告他立即停止威脅，並且回到正事上來，可以「中止談判一天」，讓他失去施威的對象，有個反省的機會。

假設你對持續威脅的反應是採取忽略態度，那將非常冒險，因為你的不回應，很可能會被誤解為害怕，使對方認為他的威脅正中你的要害，因而達到了威脅的目的。

可能你也會聲稱他的威脅毫無價值。但是，如果事實上威脅使你受到了損害，那麼這樣的回應是自欺欺人。

如果你採取強烈的回應，那麼威脅的手段會提升彼此的對立，威脅者如果再提高賭注，結果將無法設想。

那麼，對付威脅者的有效方法是什麼呢？談判專家認為，第一是不予理會，以行動表明它對你沒有影響；二是當它引起你嚴重的注意時，你得輕描淡寫地表示它沒有什麼影響。

最後一個手段是強迫威脅者把威脅的「理由」說清楚，也可以製造出一種衝突，說道：「你所謂最後的嘗試是什麼意思？」你還可以嚴肅地說：「你在威脅我嗎？」

談判專家說，要選擇何種手段來回應，取決於威脅、威脅者和威脅的內容。

如果公然進行威脅，第一是對威脅做出反應，假如對方說：「你不同意我的條件，我就告你。」你不能阻止他打官司，因此你也可以說：「我們也會提出控訴。」甚至下文是：「我們也會打官司，而且會贏。」用這種方式處理威脅，只有在確認威脅者會敗訴時才可使用。

絕對不能讓他覺得你被他的訴訟嚇得花容失色。在反擊之後，可以這樣說：「當然，我們可以用一整天的時間來討論法律的好處，但還是讓我們想想是否有其他的方法，來解決我們的問題，這不是更有建設性嗎？」促使事情向具有實質意義的計劃發展下去。

語言質樸，較能令人信服

因為值得信賴，將質樸的言語運用在商場上，往往可以從花言巧語包圍中掙得一片天，收到比預想更出色的效果。

所謂「話術」，不見得都是經過設計的言語。有時候，只是簡單的一句話、一個小動作，便可以帶給別人深刻印象與感受。

不妨看看日本名作家相川浩曾經講過的一則故事：

有一位收款員，是一個倔老頭，挨家挨戶向客戶收款時總面無表情，只生硬地說出錢數：「您好，上個月的款項是兩千三百元。」

一次，他到某戶人家按門鈴，女主人出來應門，家裡的孩子也跟了出來，抱著媽媽的大腿，直勾勾地望著他。收款員依然沒有任何表示，接錢、遞收據、離開，一副公事公辦的模樣，讓這家的女主人相當不高興。

一個秋天的晚上，門鈴響了，女主人猜到一定又是那名陰沉的收款員，老大不高興地打開了門。來者果然一如預料，但想不到的是他竟主動向門裡瞄了一眼，接著問：「怎麼了？」

女主人愣在當場，不明白對方指的是什麼，收款員見狀又接著問道：「今天怎麼沒看見孩子跟出來呢？」

「啊！他有點發燒，已經睡了。」

「原來是這樣，希望他早日康復。啊！本月款項是兩千八百六十元。」

說完，一手遞出收據，一手接過錢，便轉身離開了。

收款員的聲音仍和平時一樣平板無起伏，說出來的話也同樣簡短且「經濟」，但那句在口裡無心嘟噥的祝福卻讓女主人深受感動，當下認定他必定是一位大好人，只是不善於表達自己。

放眼當今日本，提供上門服務的商店或企業很多，派出的業務員幾乎個個能言善道、伶牙俐齒。不過，在這位女主人心中，倔老頭收款員平實質樸的話語反倒更令人感動。

這個故事所展現，就是理智型談判者的典型特點。

一般來說，理智型談判者的語言趨向平實質樸，特點是內容樸素實在、不事雕琢，看不出刻意設計的痕跡，句式結構簡單，也很少使用比喻、暗示、誇張等修辭方式。由於表達上語氣和緩，聲調變化較少，但內蘊精深，自有魅力，有人稱「零度風格」。

談判者的談話若平實質樸，便能在人心中留下坦誠率直、忠厚老成的良好印象。不拐彎抹角，不油腔滑調，老老實實地談出自己的要求和想法，對方會認定你心口如一，值得信賴，自然比較容易接受你的意見或建議。越是平實質樸，越能夠幫助談判者準確地表達出真心話。

切記，真理是樸素的，任何雕飾都會使事物失真，只有平實地把話說出來，才能保持思想的「原汁原味」。

推銷員介紹商品時，特別需要講求語言準確。顧客需要了解商品的眞實情況，否則無法做出決定，誇誇其談只會引起反感，「最佳」、「一流」、「超級」、「獨一無二」之類的形容詞無疑降低了談話的可信度。

用平實、質樸的語言風格陳述事實、講清道理，較能令顧客或對手信服。

平實質樸不等於單調乏味，淺薄粗俗。作爲一種語言風格，平實質樸並不意味著有什麼說什麼，想到哪裡說到哪裡，因爲那樣講出來的話必定毫無文采，不僅使人感到味同嚼蠟，甚至還可能粗俗且不堪入耳。

眞正的平實質樸，應該是平中見巧、淡中有味，「看似尋常最奇崛」，蘊含著深刻的意味，說出每一句話都經過反覆推敲，字斟句酌，看似平淡，實則並不簡單。因爲値得信賴，所以將這樣的言語運用在商場上，往往可以從花言巧語包圍中掙得一片天，收到比預期更出色的效果。

輯10.

讓步要讓得有價值

做出任何讓步時，必須顯得異常勉強，並盡可能得到較大的回報，至少不能比讓出的少。而且要使對方感覺到，這是你能做出的最大讓步。

固執，不等同無法壓制

固執並不等同於是非不明，也不是說觀點絕對不能改變，只是不易改變，除非碰上適當的方法。

依據自身個性與言語風格的不同，我們可以將談判者分爲幾大類，諸如理智型、情感型、意志型等等。意志型或許不是其中最顯眼者，但絕對是最頑強、難以征服的一種。

剛強型談判者的代表人物，首推前埃及總統納賽爾。他之所以享有名聲，正是因爲在談判過程中，即便面對了西方列強施加的龐大壓力，仍能以堅定不移的態度收回蘇伊士運河主權。

然而，在以埃戰爭談判中，又是什麼使這位剛強型談判者最終不再堅持己見，選擇退讓呢？

一九七〇年，有位美國律師獲准和納賽爾就以埃兩國衝突展開談判，他問納賽爾：「您希望梅厄夫人（當時的以色列總理）採取什麼行動？」

納賽爾堅決地答道：「撤退！」

律師又問：「要她撤退嗎？」

納賽爾答道：「是的，從阿拉伯的領土上完全撤退。」

律師驚訝地說：「沒有交換條件？對方從您這裡得不到任何好處？」

納賽爾斬釘截鐵地回答：「什麼好處都沒有，這原本就是我們的領土，以色列本來就應該撤退。」

律師並不退縮，換了個方法詢問：「請您想像一下，如果明天早晨，梅厄夫人在廣播和電視上宣佈說：『我代表以色列人民宣佈，我國將從自一九六七年以來佔領的土地，包括西奈半島、加薩走廊、西海岸、耶路撒冷和戈蘭高地上完全撤退，但是周邊的阿拉伯國家沒有做出任何讓步。』那麼，國內輿論與情勢將變成什麼樣呢？」

律師的語氣和表情相當生動、誇張，納賽爾一聽，忍不住大笑起來，說道：「喔！那她要有大麻煩了。」

由於美國律師巧妙地運用了語言策略，終於成功使納塞爾同意讓步。

意志型談判者是一個通稱，還可再細分爲兩大類：固執類和剛強類。

對付固執類談判者，不能在談判開始就直奔目標，應採取「以迂爲直」的謀略，以冷靜態度和足夠耐心應付，從容地向最終目標推進。在不斷誘發對方需要的同時，還應提出有力證據，強化己方建議或主張的正確性，切忌貿然觸及或嘗試推翻他們堅持的信念。

固執並不等同於是非不明，也不是說觀點絕對不能改變，只是不易改變，除非碰上適當的方法。

「軟硬兼施」、「冷熱戰術」都是證明行之有效的謀略。有意製造衝突，然後設法恢復常態，或者有意製造僵局，接著破解僵局，都屬於有效的「冷熱戰術」，能夠動搖原先強硬的態度。

最難對付的當屬剛強類談判者，若是擁有較高智商與豐富學識，又具備一定的談判功底，那麼絕對可以稱得上優秀兩字。

己方擁有這樣的談判手，必定感到驕傲；對方若擁有這樣的高手，則需要好好傷點腦筋，想出辦法對付。

不過，這類談判高手並非所向披靡，只要是人，就一定有軟弱、不足的一面，若能做到「知己知彼」，視具體情況設謀，沒有過不去的難關。此外，雖然與這類人談判有一定困難度，不好著手，可一旦彼此了解，培養出默契，將可望建立持久且良好的人際互動與合作關係。

讓步要讓得有價值

> 做出任何讓步時，必須顯得異常勉強，並盡可能得到較大的回報，至少不能比讓出的少。而且要使對方感覺到，這是你能做出的最大讓步。

我們經常可以見到，在重要的談判場合，老練的談判者會運用各種技巧與對手折衝，獲得自己想要的成果。

但是，他們雖然步步進逼，卻也懂得適時讓步，絕不會表現出一副毫不退讓的頑強模樣。

當然，他們的讓步是爲了要換取對等的價值。

坐在談判桌的雙方有不同看法、觀點和分歧，這是很正常的事。

至於分歧內容的多寡，複雜程度如何，根據不同的談判性質而有所不同，隨著談判的深入會產生變化，最終達成協議時，所有的矛盾和分歧將會漸趨化解和消失。

談判到一定步驟時，如何巧妙地提出交換條件，成了交易成敗的必要一環。明白地說，所謂交換條件，就是雙方爲成交所做的妥協或讓步，使雙方的期待值得以更加靠攏或接近。

你的讓步換取對方的回報或相對調整，就是所謂的交換條件。

總之，讓步是雙方做出的交換條件。

但任何一方在做出讓步時，千萬別掉入對方設置的陷阱，談判專家指點避開幾個典型陷阱的方法是：

一、絕不能做出得不到回報的讓步，自己的付出要有獲利為前提。

沒有原則地讓步，對方不會以相應的讓步來回報你，如此一來，你的讓步就顯得毫無意義。

二、堅持等價交換原則，絕不能輕易地做出讓步。

做出任何讓步時，必須顯得異常勉強，並盡可能得到較大的回報，至少不能比讓出的少。而且，你的讓步要使對方感覺到，這是你能做出的最大讓步。

三、「匆匆讓步，後悔終生」，不可太快做出讓步的決定。

「給」字從你嘴裡吐出時，那東西已經成爲對方所擁有。如果你太快做出讓步的話，幾次「爽快」下來，可給予的所剩無幾，而對方可能還有大把籌碼，很有可能被對方逼上絕境。

所以，當你覺得應該讓出某些利益，以換取協議的訂立之時，如果過快地讓步，只會證明你原來的立場不嚴正，將使對方對你當初的報價產生懷疑。

四、讓對方先說出交換你讓步的條件，你必須放鬆情緒，做出以逸待勞的姿態。

一定要避免對方提出條件時，你還毫無準備地忙著考慮讓步的條件，有可能在你還來不及得到對方的讓步時，對方就在混亂中把做出的讓步打了折扣。

五、弄清楚對方追求的是哪種讓步，對你來說至關重要。

雖然，你在制定談判計劃時，就已經考慮並確定出哪些能夠做出讓步，但在談判過程中，有可能會發現，對方的興趣在於其他方面，而不是當初你所設想的。

也許，運氣好的話，對方感興趣的東西對你來說並不是很重要。遇到這種幸運的事時，不可以激動得喜形於色，重要的是不動聲色，直到用你「不重要」的東西，換取對方因特別感興趣而讓出的籌碼。

並且，要使對方感覺到，他得到你的「不重要」東西，是你爲了達成交易所做出的巨大犧牲。

不管你在意或不在意的讓步，給予的時候千萬別擺出慷慨的騎士風度。你只有把對方感興趣的東西做爲談判籌碼，他的讓步才能獲得有如王冠上的寶石一樣的珍貴，相對的，你也得到最高的回報。

儘管你給予的，可能無實際價値又不太重要的東西，但換回來的必須是對方忍痛犧牲的讓步。

打破僵局法，獲得最後勝利

談判之所以陷入凍結狀態的困境，往往是一方為了使另一方接受他最後的建議，決定用堅持、製造壓力迫使對方就範。

談判雙方在某個條件上，堅持各自立場不鬆動，尤其是至關重要的討價還價中，賣方堅守報價陣地，買方固守出價立場，而無法縮短差距，就會使談判陷入僵局。顯然，這個僵局必須打破，否則，交易便成泡影。

談判中出現僵局的情況並不可怕，可怕的是一旦談判陷入這樣的地步，雙方都拿不出化解僵局的方案，才是糟糕的事。

談判專家縱橫談判「沙場」，在這方面積累了極爲豐富的經驗，可做爲後人的借鏡。你必須根據各種不同的談判內容、性質、對手，甚至時間、場景，靈活運用，而不可隨意硬套，做出「刻舟求劍」的蠢事。

如果你在談判中遇上雙方僵持的局面，不要表現得太著急，首先應該冷靜地分析和思考：

- 是什麼原因，或是什麼地方出了差錯，造成現在的僵局？
- 自己應該怎麼做，或是該提出什麼建設性的方案，才能將僵局化解？
- 如果自己做出讓步，料想對方不可能有相對回應時，自己也不願再有讓步的情況下，如何使這筆交易更具吸引力，而促使雙方渴望成交而共同化解所處的窘境？
- 如果這些都已試過，那麼還有其他什麼足于懾服對方的影響力？

如果把談判逼入如同死胡同的僵局，認爲談判無以爲繼，似乎太悲觀了，也是種無能的表現。

因爲，談判之所以陷入凍結狀態的困境，往往是一方爲了使另一方接受他最後的建議，決定用堅持、製造壓力迫使對方就範。

也許，你的對手懾於上司的命令，一時舉步維艱。譬如他的上司打電話來說：「我不管你怎麼談，只要我能獲得百分之十五的利潤就行。」

條條道路通羅馬，遇到這種情形，即使將談判僵局擱置一旁，你還是可以從另一面開闢解決的通道，例如努力找出雙方利益的共同點，或是較接近雙方興趣的部分，以做爲到達成交彼岸的橋樑。

應該想辦法讓談判繼續下去，而不是使它成爲斷線風箏。可以放棄造成僵局的爭論點，改談別的次要條件，或許還會有觸類旁通的效果。壞事往往也會變成好事，有時僵局反而會變成有利的機會。

例如，前面提到對方的上司，命令對方務必達到百分之十五的利潤要求，這就傳達了對方渴望成交的訊息。

對手爲了達成任務，對上司規定百分之十五的利潤，自然固守城池，而對上司不曾明確指定的條件，很可能就比較無所謂了。

如果你看準這一點，就可以用造成僵局的爭論點，換取其他條件上的好處，或許獲利比期待的更多。

總之，把僵局看成是無法逾越的障礙、談判無以爲繼的想法，既不切實際，又暴露了遇到困難時束手無策、軟弱無能的弱點。

假如說，你不承認自己無能，而想出了排除僵局的辦法，例如叫停，留下雙方思考的空間，改天或許就有破解的方法，也算是種能耐，不能爲你扣上「無能」的帽子了。

面對拖延戰術，要採取斷然措施

當你必須迫使對方結束談判階段時，切記要把自己從邊緣處拉回。必須面對現實，永不動怒。

談判中，可能遇到對方猶豫不決，談判停滯不前的情況，或是談判速度遙遙落後，不能按時達到目的，或是對方故意設置障礙，讓交涉無法進行等。

這些原因造成的困境，有可能不得不停下談判，對方也有可能就此「再見」。

儘管所有談判都能達成協議，但是否你能弄清楚對方爲什麼要如此設置障礙、對拖拖拉拉的談判感到興趣？

你若試著分析，可發現：

- 拖延談判時間會使對方在交易中獲得更大的利益，特別是當對方獲知你有時限的訊息時，他就握有較大的槓桿運作影響力，故意作勢逼迫你，令你讓步而成交。

- 對方在談判中，發現對自己並無可得利益，之所以參加談判，是想看看能否誘使你而得到意外收穫。
- 對方因某種情況被迫與你談判，無意成交；或是對方正在與協力廠商談判，而把你當做協力廠商的競爭對手去施加影響力；或是對這筆交易沒有下定成交的決心，抱持試著談談看的心態。

談判中，儘管對方表現拖拉的原因不少，不管是否成交，你必須使之有個結果。然而，如果沒有別的方法，採用無所謂的邊緣化政策也沒什麼好擔心的。

問題是，如果你渴望做成這筆生意，在談判中總會有這樣的情況，你必須要搞清楚，這筆生意是否還有成功的希望。

當你必須迫使對方結束談判階段時，切記要把自己從邊緣處拉回。換句話說，必須面對現實，永不動怒。

如果受不了挫折而操作失當，就會失去挽救這筆生意的希望。

因此，你可以跟對方說：「先生，你能不能跟我說說看，到底我們還有什麼理由繼續談下去呢？」

若是對方說：「沒有。」你可以再給他一句乾脆的話：「如果你改變主意，打個電話給我吧。不然，那就希望將來有機會再合作了。」

另一種可能是，對方如果表示有可能達成協議，就是想做成這筆生意，你再加點壓力，雙方就有了互動了。

倘若對方仍然拖延時日，這時就應該採取斷然措施，不要再拖拖拉拉，要對方做出最後保證：

1.「先生，如果你真想解決問題，就應該報個價來，看看這筆生意到底能否可做。」這步棋就是請他先報價。

2.你自己先行報價：「好吧，先生，我並不認為我們有任何進展，但是，我確實想跟你做生意，所以我還是想試試，我可以提出最後一次報價……」

3.限期達成協議：「我願意再等兩個小時，如果兩小時後，我們還達不成協議，那我就要搭晚上七點的航班回總部去了。」

4. 把停止談判的原因找出來：「如果你真想成交這筆生意，乾脆把你的難處攤出來，否則，大家不是白白浪費時間嗎？」

5. 約請對方的上司出面：「坦白地說吧，光靠我們兩個，這筆生意是沒法談成的，你可能沒有被授權做決定。所以，我想聽聽你們總裁的意見。」

你的辦法終於使遲遲不定的談判有了起步，接下來，最難受的可能是既要忍耐等待，又擔心最後的結局。

如果協議訂立，利益比對方多些時，這場蝸牛式的談判就不至於白白辛苦了。反之，對手若是一味拖延談判，也許是對方根本不想達成任何協定，再耗下去，只是彼此浪費時間。

雖然你耗費許多時間，最後並沒有使得協議訂立，離開談判桌時也別心存怨恨，因爲對方同樣也耗掉許多時光。或許，對方會突然改變心意，打電話來，接受你的最後報價，漫長的交涉終於畫上圓滿的句點。

找出對方漏洞就會成功

如果談判的領導人物不能控制他的隊伍，就可能從成員之間，出現明顯不一致的跡象。碰到這種情況，你就該設法查出對方陣營中，不協調之處。

一個能幹的談判高手，爲使得交易成功，是無孔不入的。假如你能滲透到談判對方的堡壘，掌握對手內部的競爭和所持的不同意見，就算是成功了。

這類訊息的來源管道很多。在談判過程中，對方成員間的分歧，有時會在談判桌上顯露出來，有時可從談話中透露。有時一些細微的表現，如皺一下眉、瞪瞪眼，甚至一個惱怒的沉默，都會把成員間的分歧和不同看法暴露出來。

如果運氣好，你還會遇到對方的成員公開糾正或反對另一名成員的意見。當然，在多數情況下，談判一方的意見保持一致性，是最起碼的要求，分歧意見是不易被察覺到的。

如果談判的領導人物不能控制他的隊伍，就可能從成員之間，出現明顯不一致的跡象。

碰到這種情況，你就該設法查出對方陣營中，不協調之處。

打探對方內部不一致的訊息，在談判前的碰頭中，就可以著手進行。

因爲正式談判開始前的會晤，一般都由行銷和技術人員出面商談，還沒有涉及到談判的內容。所以，與對方用戶、顧客或供應商有交情的任何一個談判成員，都該讓他肩負起搜集這類訊息的責任。

技術人員和非技術人員最易產生分歧，因爲技術人員著眼於技術性的建議，而成本、費用等問題是非技術人員所關注和考量的。

談判桌上，端出高技術來推銷你的論點時，對方的技術人員會表示認同，就會影響整個談判氣勢。

支持你觀點的對方技術人員，當然也是對方參加談判的成員，即使不把支持擺到桌面上來，在對方內部討論會上，也可能成爲你方的說客。

各個擊破的目的，就是在對方堡壘中，尋找代言人或幫忙說服的人。你要利用對方內部不公開的支持，而又不讓他們知道自己是被你利用。

這樣一來，對方不同意你觀點的人，也不會站出來反對你，對那些爲你出力的人也會洗耳恭聽他們的意見。

暗中支持你的對方人士，在對方陣營中影響力越大，你的成功率也越高，更不用擔心談判目標不會如願以償。

當然，眞的發生這種事時，你也不必爲這些「身在曹營心在漢」的人士頒獎，因爲那是不必要的。

如果遇到對方安排強勁的對手時，你就無漏洞可尋，不過別氣餒，應該還有個大洞等待在那兒，那便是對方的總裁。

你可以設法讓對方的總裁，參加例如價格等決定性條件的談判。等他一進入談判場所，就一味地吹捧他。

當他發現你很願意與他做生意，對你很有好感時，他就越發有可能成爲對方這場談判的決策者。

一言九鼎，你的利益就在他口中敲定。

如何在討價還價時運用厚黑策略

在商場或政治談判中，沒有期待值的談判者，就不可能運用該有的厚黑策略，為自己贏得勝利。

進入談判時，如果沒有事先設定自己想要取得的結果，也就是沒有確定實際的期待，就無法定位買進賣出的價碼，而不知道談判進行的步驟，當然也就不知道何時該見好就收。

如果有個實際的期待做爲重要的指標，就能夠根據談判過程中的情況修正自己的價碼——比如商業談判中的貨物價格、品質、數量、付款方式……等，或是軍事談判中的割地、賠償、撤軍、交換俘虜……等。

談判的雙方都期待有個好結果，就價格來說，是自己情願收取或支出的數目，而對方也認同。

最理想的談判結果，是得到比實際期待還要好的交易。如果沒有期待並預先擬定目的，結局對你就會很不利。

就像買賣衣服時，店家的期待價是賣一百元，而顧客並未貨比三家，對價格也沒有預定的標準，雙方討價還價的結果，店家出價二百元，讓顧客殺價五十元，以一百五十元脫手，心裡暗自高興，口中卻大呼不划算。

實際上，不划算的是顧客，因爲他多花了五十元，由於沒有明確的期待，明明吃了虧，還以爲自己占了便宜。

像這樣的事，常常發生在商場或政治談判中，沒有期待值的談判者，就不可能運用該有的厚黑策略，爲自己贏得勝利。

蓋保有一套全新的餐具，是去年春天花二百美元買的，可是到了冬天，卻不愼打破了其中一個。於是，他前往工廠想買一個補齊，可是這種餐盤已經停產，市面上早就不販售了。

後來，他在一家古董店發現了一模一樣的盤子，然而標價卻遠遠超過當初他購買的價格。

價值的抽象觀念雖然很重要，可是對買者而言，最切實的問題還是這件物品對自己的實用價值。

一個被打破了的盤子，在整套盤子成組時，它的價值也許只是二百美元的十分之一。可是，現在要從古董店裡購買，卻要超過原價許多倍。爲此，蓋保必須用新的評估觀點，來確定自己的期待，那就是什麼樣的價格自己才能接受？

蓋保在決定這個盤子的期待值時，主要的考慮因素應該是在於實用性。而這個實用性則是古董店老闆的期待值，古董商顯然知道這種盤子現在已經停止生產，並且餐具市場上根本沒有銷售。

古董屬於特殊商品，價格的起伏很大，賣給A可能是進價的二倍，賣給B則可能是十倍，完全視顧客的需求程度，以及顧客是否內行，期待是否堅決而定，因爲有的顧客在購物之時，超過期待價格的界線後即不再考慮交易。

一般來說，古董商最喜歡做遊客的生意，原因是遊客沒有期待值。遊客往往是到一個地方，聽導遊一陣吹噓後，心血來潮買下一件原本不在購物計劃中的古董。

像遇到蓋保這樣有著期待值的顧客，就不是那麼好對付了。蓋保正集中精力探測老闆的底價在哪裡。

如果還未掌握可靠的訊息加以評估的話，可以用直詢的方法來試探，但不要被古董商採取的堅硬立場和缺乏可信度的話矇騙。當然，蓋保最好試著以古董商的立場，推測他如何對付不同類型的顧客，以及最低會以什麼價格賣出。

假如古董商見到蓋保急切的樣子，可能會以驚人的數字來開價，所以蓋保必須裝作隨意看看，可買可不買的樣子。

此時，他的開價如果太離譜，蓋保可以提出原始的買價，表示自己是懂行情的高手，若是他最後的出價與蓋保願意支付的價格相差還是很大，蓋保必須再略微調高自己的底價，做更一步的溝通。

最後，蓋保還是比預期多付一倍的錢，買到了盤子。不過，這個結果讓蓋保感到很滿意，而古董商也獲得了期待中的價格。

假設蓋保沒有期待的底價，恐怕就得花五、六倍的冤枉錢才能買下這個急於得手的盤子了。

輯11.

使出渾身解數，才能取得優勢

你必須具有老狐狸的「陰險狡詐」智慧，學會見招拆招、縱橫捭闔的高超本領，方能成為談判桌上的高手。

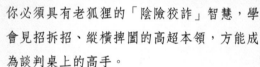

如何應付對手的高壓姿態？

掌握了對方的心理，找出他們的弱點，就能夠消弭他們目空一切的優越感，進而掌握談判的主動權，從而贏得勝利。

進行談判的時候，爲了獅子大開口，或是達到脅迫的目的，當事者經常會做出違反常規的事情，以此逼對手就範。

面對這種狀況，最好的因應方式是「見怪不怪」，不被對方的怪異舉止嚇倒，如果你大驚小怪，這場談判就會失敗。

在某國的知名畫廊裡，一位法國收藏家看上印度藝術經紀人帶來的三幅名畫，每幅畫標價三十萬，總價九十萬法郎。

收藏家不願出這樣高的價錢，雙方在討價還價中僵持不下。這時，失去耐性的印度經紀人發狠了，竟然當著這位法國收藏家的面，將其中一幅畫放火燒掉。

法國收藏家見狀，發出一陣惋惜的哀歎，連忙問印度人，剩下的兩幅畫想賣多少錢。印度人的回答是兩幅總價為九十萬法郎，一毛也不能減，收藏家聽了再次拒絕了這個令人咋舌的價錢。

沒想到印度人心一橫，又將一幅畫放火燒掉。

酷愛收藏名人字畫的法國收藏家，這回真的沉不住氣了，上前乞求印度人，不要再燒掉那最後的一幅畫，並詢問印度人願意用多少錢賣那幅畫。印度人說道：「最後這幅畫與三幅畫的總價是一樣的。」

沒想到，面對印度人的威嚇，法國收藏家無可奈何之餘，竟然真的用九十萬法郎的高價，買下最後的這一幅畫。

印度人敢大膽兩次燒畫，而法國收藏家願意花九十萬法郎的高價買一幅畫，是因爲法國收藏家在買畫的商談過程中，表現出過於傾心的態度，讓印度人抓住收藏家求畫心切的弱點。

燒畫的行徑使得求畫若渴的收藏家大爲心痛，因此不得不以高價收買最後的一幅畫。但是，如果印度人在燒掉第一幅畫之後，法國收藏家拂袖而去，或者對燒畫行動無動於衷，印度人又會如何呢？

我們可以知道，印度人的氣焰馬上會受到壓制，從強勢轉爲弱勢。

民族優越感非常強烈的法國人，總認爲自己是世界上最優秀的民族，在談判中也常用高壓姿態壓倒對方。但是，如果掌握了法國人的心理，找出他們的弱點，就能夠消弭他們目空一切的優越感，進而掌握談判的主動權，贏得最後勝利——就像那位印度藝術經紀人一樣。

使出渾身解數，才能取得優勢

你必須具有老狐狸的「陰險狡詐」智慧，學會見招拆招、縱橫捭闔的高超本領，方能成為談判桌上的高手。

談判過程的花招層出不窮，種種陷阱、花樣、圈套，時而以香餌誘使你上當，時而以似虎狼威逼你卻步。

因此，當你想做成一筆生意、達到一項協議、完成一批銷售利潤，必須具有老狐狸的「陰險狡詐」智慧，學會見招拆招、縱橫捭闔的高超本領，方能成爲談判桌上的高手。

勒米和太太走進一家餐館用晚餐，當侍者肯迪來到桌前，勒米開門見山對他說：

「今晚我們想得到最好的服務，我們的預算是九十美元。如果你能使我們滿意，我就給你二十美元小費，差不多是費用的百分之二十五了，而不是慣例的百分之十五，也就是十二元。」

勒米說著，從口袋裡掏出一張二十美元的鈔票，但是沒有立刻交給肯迪，因為他的心裡猶豫起來：「如果肯迪拿了錢，卻不提供一流的服務怎麼辦呢？我能用什麼方法約束他呢？」

他終於想到了一個絕妙的辦法，「嘩」一聲，他把鈔票從中撕開，一半交給肯迪，一半放進自己的口袋裡，笑著對肯迪說道：「肯迪，若是你服務周到，餐後就給你另外的一半。」

肯迪看了他一眼，做了個鬼臉，聳聳肩，收了那半張鈔票，轉身進了廚房。

飯菜還算可口，但是服務實在讓人不敢恭維。肯迪把九十美元的帳單遞過來時，勒米拿出兩張一美元和一張十美元的鈔票，老實不客氣地說：「對不起，你為我們所做的服務只是普普通通，不是最好的，所以我只能給你普通的十二美元小費，那半張二十美元還給我吧！」

「你這樣做不公平！」肯迪受辱般地吼道：「我做錯了什麼事嗎？我的服務絕對值得得到那二十美元。」

勒米從位子上站起來，憤然道：「是嗎？」他把那十二美元也放回了口袋，「我走了，你一塊錢也拿不到。」

肯迪一點也不為所動，吼道：「你滾吧！二十美元見鬼去吧！」

勒米見威脅不到他，火氣也上來了，大聲道：「我損失二十美元，你也得不到二十美元。」他唱完黑臉就往外走。

唱白臉的勒米太太拉住他，打圓場說：「啊，這件事弄得太僵了，各拿各的半張鈔票，不是兩人都輸了嗎？能否坐下來好好協商一下，問題總得解決呀！」

一場日常生活常見的談判就此開始了。

勒米此時還是很強硬，因為他沒有台階可下，堅持道：「肯迪，我只能給你十二美元，按你的服務品質，實在不值得二十元。」

肯迪悶聲不響，還在堅持著。勒米威脅他，數到三就要離開。可是，當他數到三時，卻被扮白臉的太太拉住。

此時，如果勒米不想爲此大動干戈，應該要把半張鈔票給肯迪，然後離去。或者採用談判中常用的方法，來個折衷價，即出價的十二美元、還價的二十美元各讓一步，也就是十六美元。

若是這樣，實際上等於勒米已經傳遞了願意妥協的重要訊息。如果肯迪也願意妥協，這訊息就可以讓雙方達成協議。

如果肯迪利用這個訊息堅持要求原價，那麼，勒米一定又會提起他的服務品質問題。這就得評估服務品質的標準：他這樣的服務該得十二美元還是二十美元？然而，卓越的服務標準是很難斷定的，花費時間去辯論，還是不會有任何結果。

假如肯迪最後開價十八美元，而勒米仍堅持十二美元，肯迪的妥協訊息被勒米察覺後，勒米就會變得強硬起來。

若是肯迪爲了結束這場遊戲，希望再次突破期待而建議分攤，交易的結果可能是十四美元。但是，肯迪期望獲得二十美元小費的計劃落空，對他的傷害實在太大，所以他堅持不開口妥協。

他們都沒有把自己妥協的訊息傳遞對方，談判暫時陷入膠著狀態。

勒米和肯迪原本是陌生人，互不相識，沒有可依據的訊息能判定誰在這場談判中的地位較佔優勢？根據什麼？身爲旁觀者的你不妨進行分析。

假如你選擇了肯迪，認爲他沒得到二十美元是優勢，他可以振振有詞地說一開始他就被勒米騙了，因爲自己使出了渾身解數，服務絕對值得二十美元，他最後卻被耍弄，甚至侮辱，這是不公平的。

此外，所謂「滿意」常常因人而異，有人認爲他做得好，有人卻認爲還不夠。服務品質是主觀的認定標準，因而勒米又何必浪費時間進行拉扯，還不如乾脆給二十美元收場了事吧！

假如你選擇的是勒米，你會認爲肯迪沒有理由略勝一籌，反而勒米更具有優勢。從法律的角度上來說，即使不給一毛錢小費，肯迪也無可奈何，沒有法律問題，所以勒米可以斷然拒絕給小費。

但是，餐館已在帳單中按照慣例加了百分之十五的小費，勒米終究還是得付這筆錢，肯迪才能向餐廳交差。萬一一毛錢都沒有得到，肯迪在考慮這個事實時，就必須多加衡量了。

再者，肯迪從實際利益出發，接受勒米出價，就會得到十二美元；如果他拒絕，最少會損失本來可以得到的十二美元。但勒米若是一毛錢都不給就走人，實際上付出的是二十美元，因爲勒米和肯迪各執一半二十美元的廢鈔票。

談判不成，肯迪勢必比勒米更爲不利，因爲侍者多半靠小費來維持生活的。根據以上的假設推斷，以勒米來說，應該在享有優勢的情況下做好這場談判。

在認清自己利益的情況下，勒米應該好好發揮技巧，也就是不要惹肯迪生氣或武斷地拒絕，因爲這會使自己損失二十美元。以勒米來說，最重要的是如何引起肯迪的興趣。

從肯迪在談判中表現出來的個性，可以知道他並不是想要很多錢，而是要討個公道，由對方的讓步來獲得心理上的滿足。他堅持的是獲得小費的權利，而不是自己的服務品質。

反過來說，他認爲即使提供了勒米最好的服務，勒米還是有可能不給那半張二十美元的鈔票。感覺受騙的他，把裁判勒米的公正與否指望勒米太太，但肯迪並不瞭解她的影響力有多大，勒米也有可能不接受扮白臉太太的勸告，寧願一走了之。

肯迪應該知道勒米的底牌在哪裡，處在劣勢的他最好接受十二美元的小費，讓勒米離去。

壓縮時間，就可能峰迴路轉

機靈的談判者在他應得的利益上，應該會有不同的結局。應該把心情放得很平靜，來點創意，讓客戶變得「更富有」，且配合度高。

談判時，若是對手提出不合理的要求，就要誘導對手陷入自相矛盾的狀況，使他走上一條自我否定的道路。

隱含假設式誘問，經常被運用到談判或辯論當中，聰明的談判者和辯論者，都會以此來戳穿對手的謬論和謊言，那是因爲，在談判中，只要揭露對手的依據是行不通的，那就如同蝕根倒樹一般，讓對手提出的論點不攻自破。

假設勒米一開始就給肯迪完整的二十美元，而不是撕開的一半，給予對方的是實實在在的利益，因爲沒有留下退路，事情早就結束了。

現在的情況略有不同，對勒米而言，因爲已經撕下半張二十美元的鈔票給肯迪，所以無論給不給肯迪二十美元小費，結果都是一樣——他一走出餐館，口袋裡便少了二十美元（未含餐費）。

問題是，如果勒米不給肯迪另外半張的話，肯迪只得到半張廢紙。

回到談判的場面，握有優勢的勒米，心平氣和地對肯迪說：「我給你十二美元，你把那半張鈔票還給我吧！」

肯迪用異樣的眼神，審視著勒米的臉部表情，得到誠懇的訊息，心裡的欲求又開始蠢蠢欲動了。

唱白臉的勒米太太此時一反常態，改扮了黑臉，看一下錶，忿忿然拉起丈夫就走，嚷道：「談什麼?走吧，別耽誤了十點鐘的電影！」

此時，離電影院開演只有半小時。勒米太太挽著丈夫一走出餐館大門，肯迪叫著追出來：「請等一下，請等一下，你就給我十二美元吧！」

因為理智提醒他，十二美元比半張二十美元的廢紙好。就這樣，掌握了肯迪欲求的勒米太太運用了虛張聲勢、黑臉脅迫的高招，致使肯迪徹底妥協。

如果扮白臉的勒米太太不想登場表演，而煩躁的勒米願意付給肯迪十二美元，旁觀的你是否認爲勒米開價十二美元不夠聰明，開價應該再低一點，以贏得更多談判空間？

開價十二美元無疑是對的，因爲十二美元是一般小費的標準。如果勒米開價比十二美元低，那不是明擺著給肯迪一種處罰？勒米要求肯迪給予一流的服務，結果並不滿意，但對他的一般服務品質並無異議。

肯迪若是個機靈的談判者，在這場談判中應該不難看出，勒米凡事都聽太太的，勒米太太是位說話算數的權威女士。

此時，他應該心安理得：勒米太太已經做出相當妥協，這樣的結果對自己而言應該不算太沒有面子。

資訊齊全就不會被謊言矇騙

在談判過程中，必須設法先掌握客觀和準確的訊息，所獲得的資訊越齊全、越多元化，就越不容易被對方製造的假象或編織的謊言矇騙。

小型研究開發公司A與大型能源公司B，訂立了進行試驗的合約。但是A公司卻瞞著B公司，打算就同一項目和C公司再簽一分試驗合約。

A公司派出公司唯一對試驗具有豐富經驗的雇員費雷，前往C公司簽約，因此無法前往B公司，進行合約中規定的試驗工作。

為了解決這項問題，A公司的總裁亞瑟不得不親自到B公司，與合約負責人鮑勃會面。

亞瑟開門見山地說：「鮑勃先生，這次前來與您會面，是為了請求您允許將原訂二月分第一週進行的試驗，往後延期。我建議改在四月分第一週進行。您知道，試驗現場的天氣最近一直不好，地上滿是積雪，等天氣轉好時再進行試驗，一定會更合適。」

鮑勃回答：「可是，合約中規定是在冷天進行，所以我們才把試驗日期定在二月。如果錯過了二月，那麼這項試驗就得拖到明年去了，這是絕對不行的。」

「我已經和本公司的工程師費雷先生談過了，他告訴我，在實驗室進行試驗，完全可以把冷天所有的變因都測試出來。」亞瑟解釋。

鮑勃卻堅持：「我不管別人怎麼說，我方堅持要求一定要在這個條件下進行試驗，合約本來就是這麼定的。所以，我只能回答：不！試驗一定得如期進行！」

亞瑟詭稱：「可是，我們還有另外一個難題，那就是費雷先生個人遇到了點麻煩，他可能無法親自參與這次試驗了。而敝公司又沒有別人熟悉這項業務。」

鮑勃力辯：「唉，亞瑟先生，對於費雷先生遇到的麻煩，我深表同情。但這不是我該負的責任，怎麼處理貴公司人員的事，得由您自行決定。我所知道的只是我們已經簽訂了合約，我的要求，也只是請您按合約條款的規定來執行。」

亞瑟裝出一副可憐兮兮的模樣說：「我真是無能為力呀！敝公司這位老兄，遇到的可是感情上的困擾，他現在根本無心工作，我由衷希望他能在兩個月內能恢復正常。如果敝公司真有別的人選可以執行這項任務，我一定不會提出這樣的要求，請您諒解！」

鮑勃聽了，靈機一動探問：「這麼說，您是在告訴我，你們公司只有這位仁兄才能勝任這分工作？」

亞瑟毫不鬆口地回答：「是的。」

鮑勃已經領教了亞瑟的招數，想要脫身去蒐集一些訊息來進行反擊，於是不露聲色地說：「真糟糕！您先坐會兒，我請人送咖啡進來，等一會兒就回來。」

他離開會議室派人送咖啡，然後打了個電話給這項合約的接洽人埃克：「埃克先生，你知道亞瑟先生想要試驗延期的原因嗎？」

埃克回話道：「聽說過，不過，無論如何，我們的試驗還是得按照原定日期進行。」

鮑勃急問：「你知不知道他們公司還有什麼人能夠勝任這項工作？」

埃克相當肯定地回答說：「當然有，就是亞瑟先生本人！費雷工程師就是由他親自培訓的。」

鮑勃心裡明白了，說道：「他可沒告訴我這些，他只說費雷先生是唯一有能力完成任務的人。」

埃克輕聲笑了起來：「鮑勃先生，我猜可能是亞瑟先生個人不喜歡冷天吧。順便一提，在上週同業的例行會議上，我跟C公司一位老兄交談了一會兒，他恰巧向我打聽A公司的情況，看樣子，C公司好像跟A公司也簽了一分與我們公司類似的合約。」

鮑勃的疑團終於解開，真相大白之後，他謝謝埃克，回到會議室時，立刻打開天窗說亮話：「亞瑟先生，我跟埃克先生談了一下，據他說，您自己就能主持這種試驗。」

亞瑟見事情敗露，搪塞道：「可是，我根本沒時間處理，整個公司上下都得由我來打理啊。」

鮑勃不客氣地直說：「您的意思是說，您無意尊重這分合約嗎？那麼我只好告訴您，要嘛就由您來領導並如期進行試驗，不然我就宣佈貴公司無法執行合約，這分合約就此終止。順便告訴您，埃克先生告訴我，貴公司還與C公司簽署另一分類似的合約。如果貴公司不信守合約的事傳出去，恐怕以後您再也難以和任何人談生意了。您認為呢？」

亞瑟如洩氣的皮球，舉手投降道：「好吧，如果您執意這麼做，我想這次試驗只好由我帶著做了。」

在談判過程中，必須設法先掌握客觀和準確的訊息，所獲得的資訊越齊全、越多元化，就越不容易被對方製造的假象或編織的謊言矇騙。

B公司的鮑勃由於掌握了真實的訊息，才能在談判最終達到目的。

認清情勢，就是最有利的優勢

泰勒在劣勢下，仍能使他成為職業足球史上酬勞最高的守門員，還得歸功於巨人隊經理在談判過程中的明智決定。

在現實生活中，談判可說是司空見慣，只是大家談判的項目不盡相同罷了。

一九九〇年九月六日，紐約報紙刊載，紐約職業足球巨人隊傑出後衛泰勒，在堅持四十天後，終於簽約的故事。

當時，泰勒與巨人隊續約四年，開價九百萬元，巨人隊出價三年四百二十一萬元。經過一番交涉，泰勒讓步到三年五百五十萬元，巨人隊加價到四百五十萬元，其中相差一百萬元，事情演變到此僵持不下，接下去的談判異常艱難。

談判中的壓力重點是球季開賽，巨人隊將與勁敵費城老鷹隊比賽。泰勒不想錯過這場比賽，也就是說泰勒一定要參加球季開賽，正如他所說的：「踢足球才是我的專長，我不是談判專家，我是踢足球的，我一心只想踢足球。」

巨人隊經理喬治．楊是個談判專家，他的巨人隊若要在與老鷹隊的比賽中奪魁，非得依賴泰勒的「敬業精神」，他說：「如果他眞的不能和老鷹隊比賽，那眞的是埋沒他的專業。」

他的意思是，泰勒一定要參加這場比賽，絕對要與巨人隊簽約，就如同新聞記者所說的一樣：「他想要打球的慾望比想要得到鉅額報酬的慾求還大。」

這也就是說，泰勒的慾望和時間，二者的壓力很大。

對巨人隊來說，球團是強勢的，在談判過程中可以占盡許多便宜，因爲泰勒的想望無法迫使巨人隊就範。

泰勒的經紀人嘗試鼓動其他球隊來挖角泰勒，以抵消居於強勢的巨人隊，但是巨人隊的經理不相信其他球隊會付出更多的錢，也不相信泰勒會離開巨人隊，於是同意泰勒的經紀人與其他球隊聯絡。

當巨人隊經理得知其他球隊眞的不會付出更多錢後，泰勒在價格上失去競爭力，在毫無選擇餘地之下，若是不參加這次比賽，一整季將會毫無收入，如此一來，巨人隊更加掌握對泰勒施壓的強勢地位。

對泰勒也有興趣的老鷹隊，對泰勒表現出接納的姿態，但就是拒絕書面報價，企圖昭然若揭。

他們試圖採用拖延戰術，讓泰勒不能幫巨人隊比賽，巨人隊沒有了泰勒，老鷹隊便穩操勝算，勝利在望。

泰勒的經紀人揭穿了老鷹隊的陰謀，老鷹隊的信譽掃地。

巨人隊的喬治．楊經理認爲即使有人出更多錢，泰勒也不會離開巨人隊。他根據的是，泰勒曾經說過，他要在巨人隊退休，而且泰勒最近在巨人隊附屬的運動酒吧及餐廳投資了很多錢，如果他脫離了巨人隊就失去了這個資格。

泰勒揚言要爲其他球隊效勞，只是虛張聲勢，並不是眞的。訊息傳達出泰勒留在巨人隊的確實理由，使得談判槓桿運作的影響力向巨人隊傾斜，破壞了他加入其他隊的可信度，打消了他製造優勢的努力。

以巨人隊來說，除了曾經提到依賴泰勒取勝的說法，也就是不想失去泰勒參加球賽，更重要的是，泰勒爲巨人隊能爭取到更多榮譽和金錢，而實質上付給泰勒的酬勞僅僅是九牛一毛罷了！

最後，巨人隊還是比原先想付出的多了些，也就是三年四百六十萬元。

巨人隊在握有較多籌碼的情況下，認清了談判的平衡原則，達成協議，不像握有較多籌碼的談判者，貪得無饜地不斷索取，終至失敗收場。

泰勒與巨人隊簽約後，識大體地說道：「我很高興能回來，我能把自己的驕傲暫時放一邊，沒有人能事事如願的，這已經是很好的價錢了。」

泰勒在劣勢下，仍能使他成爲職業足球史上酬勞最高的守門員，還得歸功於巨人隊經理在談判過程中的明智決定。

小心從強勢變成弱勢

應該儘速探測對方的弱點。瞭解弱點是不可低估的重點，弱點的出現就是勝算機會來臨了。

談判者在談判之前，必須分析雙方情勢，儘量將對手提出的問題和反駁的理由設想出來，藉此預設談判的可能結果。

因爲，想在談判桌上看透對手，靠的就是事前準確的情資和訊息的掌握，只要能夠把對手在談判過程中，視爲彈藥糧草的情資和訊息一一駁斥掉，那麼對手自然就會兵拜如山倒。

五月三十日是美國陣亡將士追悼日，正逢周末，人們以各種方法舉行悼念活動。

傑西卻沒有任何活動，他正在為一件事愁眉不展坐立難安，因為他的債主逼他在七月一日之前還清債款。

只剩一個月了，可是他一毛錢都沒有借到。

就在這個追悼日，他駕著自己的寶貝帆船「逍遙號」出海，做為最後一次難忘的航行，然後就得把它賣掉還錢。

次日，他在當地報紙刊登售船廣告：「開價一萬元，合理的出價可以考慮。」實際上，他只希望九千元就能成交，即使是八千元也可以接受，因為八千元正好夠他還清這筆債務。

有意願的帆船買主只有希爾和瑪麗兩位。

希爾出價九千，他非常渴望得到「逍遙號」，可惜的是，他要等到八月一日，收到剛賣掉「風笛手號」的錢，才可以簽約。

瑪麗對「逍遙號」並不是那麼渴望，只是有點心動而已。她對價錢很計較，因為有一艘叫做「棉花田」的船，在求售廣告上登出的售價只有七千八百元，她認為還可以進一步討價還價。因此，她對逍遙號出價七千五百元，傑西不答應，她也就沒有進一步表示。

可是，她手中握有現金，只要價錢談妥就可以立刻簽約成交。

為錢苦惱的傑西應該把目標指向誰呢？

現在，我們用需求、欲求、競爭和時間這四種最普通影響力的前兩種，來分析希爾、瑪麗和傑西三者的交易。

先說「需求」，賣方被迫出售，便是「需求」。

假設不能達到可接受的底價，也就是說傑西的「逍遙號」不能賣到底價八千元以上，他可以另尋買主，這原本是顯而易見的情況。但事實上，爲了償還欠債，傑西被迫出售「逍遙號」，若是賣不到預設的八千元債款，他就不能結束這場談判，而輕鬆地說「好吧，等價錢好些時，我再賣」。

在非常不利的情況下，傑西有可能被迫賤價求售，隨著還債日子漸漸逼近，也許會降到七千元，甚至更低的價格。

再說「欲求」。「欲求」來自買方，這個案例裡指的是希爾和瑪麗。「需求」有時不能代表「欲求」，需視雙方誰較想達成這個交易而定。

希爾和瑪麗不同，希爾渴望買到這艘船，尤其是當他賣掉「風笛手」後顯得更強烈，因此，他願意出價九千元。

相反的，瑪麗顯得冷淡些，更何況她可以買另一艘較便宜的船，有了其他選擇，就握有很強的籌碼。儘管她的欲求可能改變交易的發展，但是目前她是很難纏的買主。

接著，我們分析四個最普通影響力的後兩個。

「競爭」可以爲賣方創造有利的條件。

在各式各樣的的出售談判中，賣方有個很重要的有利因素，那就是：是否有其他買方競價。

假如有的話，賣方堅持價格的決心會較強。競爭者的出現會使買方有壓力，賣方因此會將價格提高。

傑西的「需求」似乎難以達到，雖有兩個人在競爭他的帆船，但是若失去任何一家，他的寶貝帆船就相對無競爭力，「需求」也就成了問題。

傑西現在必須決定，是否應該將競買者的事讓對方知道。

聰明的談判者一定會儘快把「有人競價」這個訊息傳遞出去，增加談判中的影響力，競價就是賣方的籌碼。

傑西也許會像大部分賣方一樣，不但這樣做，而且充分利用這個條件，對持有現款的瑪麗警告說：「妳不要逼人太甚，還有其他買主等著要呢！」

然而，一旦加入時間因素，傑西還有選擇餘地嗎？

許多談判會被時間因素的壓力破壞自己的優勢。有時限的一方對沒有時限的另一方，所做的決定和採取的行動、回應都會不一樣，因此，優秀的談判者必須對對手的決定和行動採取相當的控制手段。

七月一日還債的時限正日益逼近，傑西相對地減少了討價還價的優勢，因爲他處於債主的壓力之下。

希爾也有時間限制，他手中沒有現金當作籌碼，必須等收到「風笛手」的貨款時才有，所以，購買「逍遙號」時，他可能要花多一點錢，也因此，無形中削弱了他與瑪麗間的競爭力。

瑪麗有現金而又沒有時間壓力，占盡所有便宜。若是她沒有另艘船讓她選擇，卻又急需使用帆船，有了時限和欲求，情況就會隨之改變。

這也許可能發生，但目前毫無跡象，因此她最具有競爭力。

負面影響力確實影響彼此，譬如說賣方被迫出售的秘密洩漏，買方就會發現對自己有利的非平衡點。

但是，假設賣方沒有時間壓力，又有許多買主搶購，那麼，賣方就得確定對方是否知道他們面臨的競爭力。

瑪麗在買賣「逍遙號」中明顯處於優勢地位，因爲傑西在七月一日之前迫切需要八千元還債，而希爾七月一日前收不到「風笛手」貨款，而她是唯一有現金的買主，手中握有左右交易的權力。

總之，她的優勢是確定的。

但現在的問題是，握有優勢的瑪麗未必能成功。假如她因爲傲慢、自以爲是，惹得傑西不爽快，彼此不歡而散，又有何益處可言？

優勢在這種狀況下，會變得毫無用武之地。

瑪麗應該理性地表達自己的長處，以自己的優點爲出發點，並且不要加入任何人身攻擊和侮辱，也不要去硬碰硬，以免引起傑西的反感。如此，她就很希望讓傑西深思熟慮後軟化立場，最後選擇向她靠攏。

也就是說，好牌都握在手中的瑪麗，應該出言更合理、更有禮貌、尊重傑西，不要耍權謀的遊戲，而且堅持自己的出價。

瑪麗應該避免太過霸道，話不要說得太絕，例如像「這是我一貫的作風」等。不要堅持全盤勝利，對一些次要問題表現出彈性，讓傑西也得些分數，如此他才不會因爲太難堪而採取斷然立場。

要達到這樣的境地，她應該要調整自己。

瑪麗還必須瞭解，她所具有的影響力，只是階段性的，不是永久都是如此。談判中局勢出現快速變化是經常有的情況，如果希爾的錢能早一點進帳，或是債主同意傑西延後一個月付款，隨時都會使瑪麗從優勢地位上跌下來，變成弱勢。

站在瑪麗的立場，當事事處於優勢時，最好在事情變化之前儘快定奪，才不失爲談判高手的上上策。

事先評估，才能爭取加薪幅度

> 最初立場沒有選好的話，在達到期望的整個過程中會產生麻煩。假如過程被誤導，將不能以有利的條件來完成這次談判。

魯夫是個中型公司的中層主管，爲了向公司老闆達利要求加薪，而擬定達到目的四個步驟：需要什麼、何處開始、何時行動、如何結束。

他在談判前開始執行四個步驟，並貫穿談判。

首先，他確立出四個決定：達成實際期望、適合的起點、建設性的讓步模式、設定最終妥協的底線。

若是他的最初立場沒有選好的話，在達到期望的整個過程中會產生麻煩。假如過程被誤導，他將不能以有利的條件來完成這次談判。

魯夫想要爭取加薪的動機是有理由的。幾年來，他的年薪一直維持在四萬美元，一次也沒有加過薪。

他期望談判中達到目標，如果不能達成協議，就得有接受公司設定的一般條件的心理準備，或是做好離職的計劃。

關於離職策略的運用，他應在達利老闆拒絕加薪之前，沒有任何威脅情況下告知說：「我要離職。」

如此一來，達利知道在面對魯夫的加薪問題時，得考慮去留的問題了，如果達利認爲魯夫可有可無，讓他去職自然簡單；如果想要慰留，需給予多一點誘因，也就是給予加薪期望的滿足。

也許，魯夫一開始對達利的期待不甚瞭解，也毫無有力的訊息佐證，但是一旦開始談判後，就會慢慢瞭解，可以修正原有的猜想。

爲此，在魯夫決定提出達成何種目標時，應該考慮這些因素：

- 公司和其他同業的薪資標準，加薪比例是多少？

- 自己在公司的業績適用哪種標準，尤其是否達到一般加薪標準？

至於魯夫自己在槓桿運作影響力方面的評估，包括以下的自問：

- 現在是否是要求加薪的好時機？
- 自己的專業在目前就業市場上熱不熱門？
- 公司近來效益如何？發展前景好不好？

假如魯夫透過分析並進行評估，得出的結論是可以加薪百分之十五，即從原來的四萬元升至四萬六千元。這可成爲談判中，他想得到的實際期待值。期待目標敲定後，魯夫走進達利辦公室，一開口就要求加薪百分之十五，這樣直接了當的做法行不行？

如果他眞這麼簡潔扼要地開始，也許達利會笑著說：「實際上，我已經在考慮你的加薪問題。你的業績值得加薪，你的建議不錯，恭喜你。」

老闆如果爽快答應，魯夫歡喜之後也許就會後悔不已：如果要求比百分之十五更多，例如四萬八千元，甚至五萬元，老闆可能也會答應，根據自己的績效，說不定眞能得到更多，但是現在話已出口，很難再向上提高。

當然，達利這方面，也許有別種反應：「你有權加薪，可是現在時機不好，公司利潤欠佳，加薪二千元，你認爲如何？」

就這一點，魯夫談得再好，再怎麼爭取，都是失望的結果。

當然，魯夫仍可堅持四萬六千元的立場，分文不能少，令達利向他投降，但有個必要條件是：達利不願失去他。

姑且不說這樣的主觀認知未必可信，即使情況眞的是這麼回事，試想，與被迫投降的老闆共事，相信魯夫今後的日子可能不會那麼好過，關係也難維持。

如果魯夫一進老闆的辦公室，就向達利提出加薪百分之五十，即六萬元的要求，事情會怎樣演變呢？

首先，他對自己的獅子大開口不具信心，深怕站不住腳，怕被老闆駁回；而實際上，本來老闆認爲他可以加薪，爲了還擊他的漫天要價，可能會藉口公司不景氣等，拒絕給他加薪。

如果魯夫選擇一個可以辯護且能進能退的起始，如四萬八千元（百分之二十加薪），或是五萬元（百分之二十五加薪），或許合適些。

根據他的業績，或許四萬八千元會令老闆欣然接受，因爲漲幅不是很大，而五萬元則顯得風險較大，因爲漲幅偏高。

不過，這讓他有更多的談判空間，並且傳達他自我價值肯定的訊息。

假如魯夫走進達利辦公室說道：「老闆，我請求加薪。」如果他沒有提出特定數目，而由達利來決定加薪幅度，事情又會演變成如何呢？

按照一般情況，老闆在承諾前，會聽聽魯夫本人意見。

魯夫假如提議五萬元，即加薪百分之二十五，達利可能琢磨一下回答：「你可以加薪，但目前公司有困難。」稍後，達利也許認爲加薪百分之七點五左右，接近四萬三千元比較可行。

這個結果，雖然不很滿意，但魯夫也算達到了加薪的目的，起碼比沒有加薪好。

輯 12.

運用決斷力贏得先機

減少周邊服務專案進一步減價，卻通融了他的費用，洛桑運用這樣一種又好又平衡的方法，既少付了錢，又使對方感覺良好，能不稱絕嗎？

旁敲側擊獲取重要訊息

用旁敲側擊的間接方式提問題，從點點滴滴中也許可以拼湊出事實真相——這就是所謂的迂迴戰術。

如果你想掌控談判的主導權，就必須先清楚自己想要的事什麼，然後透過旁敲側擊的方式，獲取談判中應該知道的的重要訊息，如此才能確保自己獲得最後的勝利。當然，這需要高超的談判技巧。

利楊是普林科公司的會計師，負責處理公司一些大顧客的財務。他與公司三年的工作合約，剩下六個月就到期了，若是他與公司續約，他就有十一個月的紅利可拿。

普林科公司總經理斯諾想與他續約三年，利楊也同意。

但在談判進行前，雙方都各自得到非常重要的訊息，利楊聽說普林科公司可能在近期賣給一個大財團，總經理斯諾則聽說公司的競爭對手哈代私下勸誘利楊跳槽，這些訊息使他們的談判趨於複雜化。

身爲普林科公司總經理的斯諾，準備與員工利楊談判續約條件前，必須具備什麼樣的訊息才有用呢？

一、利楊是否喜歡在普林科工作：假如他很喜歡，那麼與他簽訂續約的可能性就很大；反之，吸引他留下來的續約條件就會很高。

二、哈代引誘利楊跳槽是否真實：如果真有其事，雙方談判時，利楊便處於優勢位置，因為他知道自身價值抬升，普利科公司給予的條件如果不夠理想的話，他還有其他道路可以選擇。

三、利楊手上的客戶，信賴普林科公司還是更信賴他個人：也就是說，利楊一旦離開公司，他可能會帶走多少客戶？假如他會帶走很多客戶，他手中掌握的籌碼就成爲談判中的要件，便很難對付。假如他只會帶走少數客戶，那麼，公司留人的條件就不用太慷慨。

四、面對紅利，利楊將是何種態度：如果他對十一個月的紅利需求越大，那麼合約期滿，跳槽的動機就會越少，談判桌上的麻煩也就降低。

而在即將進行的談判中，利楊想知道關於普林科公司的哪些訊息呢？

一、在他工作合約到期前的六個月，普林科公司為何主動與他談判：這促使他去瞭解普林科公司的動機，以及談判中的各自優勢和弱點。

二、普林科是否真會被一個大財團收購：如果眞有其事，買方的交易條件中，是否把繼續留任的重要員工，視爲一項重要議題來看。如果普林科被收購成立，而重要員工的繼續留任也列入重要考慮項目，他認爲自己一定擁有相當的影響力。

三、普林科對他所掌握的客戶的信賴程度，有何想法：如果事實上他對客戶擁有的影響力只有一點點，但普林科認爲他能牢固地抓住客戶，因此害怕他的能力，那他在談判上的影響力就增大許多。

假如利楊想獲取每件訊息，談判的第一個回合，應該採取低姿態，並且切忌將有效的訊息傳遞出去。例如，總經理斯諾要查詢紅利時，利楊就應該立刻警覺起來，隱忍應對。

打聽消息絕不能像八卦記者一樣眉來眼去，要讓對方看起來，你並非在進行這件事，也就是說要間接獲取訊息。

即便是一個直接的問話，也不能讓對方起疑心，要選擇對方最不經意的時間、地點，而且在話語間，不能顯露對立的感覺。

一般來說，得到最坦誠答案的最好時機，是在對方尚未意識到你在探測消息，並且與談判有任何牽連，此時應該趕緊搜集所需要的訊息。

談判開始，可以先介紹自己，若是從未謀面，也可藉機認識對方，培養談判的好氣氛，並且盡可能搜集有用的訊息。

值得牢記於心的是，不要說得太多，說得越多，得到的訊息就越少。總之，談判開始後，要鼓勵對方多說，忍住聊天的誘惑。

注意傾聽，瞭解對方話裡流露出的訊息，由談話中的線索，推測對方沒有透露的事情，及有意無意地漏出那些話的原因。

探測對方訊息的方法，有兩個基本方法。

一是單刀直入法：談判開始時，利楊對斯諾說：「我聽到傳言，說普林科要被一個大集團收購，是眞是假？」

直接詢問這樣的機密，需要膽識。假設總經理參與了併購的洽談，但他知道這個訊息傳達出去，無疑會加重利楊的籌碼，對公司是個負面影響，所以他不會透露，但是卻陷於如何巧妙回答問題的困境中。

即使回答得模稜兩可，也會引起利楊對事實的推測，甚至於思索時的猶豫不決，也會讓利楊探測出正確的消息。

因爲，若是沒有這回事，斯諾的回答必定是乾脆爽快。

當然，若眞有其事，在預先準備之下，他也有可能回答得很直爽，但這樣的危險性很大。如果利楊已經瞭解了事實的眞相，他的一味否定豈不成了欺騙，心中有鬼？一旦失去了信任度，斯諾可能連談判資格也會喪失。

直問的缺點，會爲利楊帶來負面的影響。因爲他一開口，就傳達出一個訊息：讓斯諾知道他眞正感興趣的是什麼，斯諾就會採取保護措施，瞞住併購的事實。此外，從利楊的問話中，也有可能洩漏出一些有價值的訊息，最起碼，斯諾可以摸清楚他瞭解事實的程度。

假如換一種方法，用旁敲側擊的間接方式提問題，從點點滴滴中也許可以拼湊出事實眞相——這就是所謂的迂迴戰術。

總經理斯諾在談話前，若要瞭解利楊對客戶的影響到底有多大，可以在某個商業洽談會上，讓利楊對客戶有關的一般性問題發表看法，由此可以不著痕跡地探測出他與哪些客戶關係密切，哪些客戶疏遠，並且瞭解到這些客戶對公司的忠誠程度。

如果利楊對斯諾此舉有所懷疑，可能會相對地採取保護訊息措施。

即使他不產生任何懷疑，爲了求生存，可能也會留一手，因爲除了他，其他人無法與這些客戶交涉。如此，爲了保護重要的訊息，他也會運用手腕與客戶熱情地聊些與談判無關的事。

假設斯諾對利楊採取迂迴轉進的低姿態調查，不可能隨時設防的利楊，可能會洩漏一些重要訊息，例如發覺一家大客戶的某些業務，都交給報價較低的其他公司做，而未交給普林科。

這比直接問話來得有效得多：「顧客對你的忠誠度有多少？他們是否會把業務交給其他公司？」

間接方式的缺點，是沒有把調查利楊放在重點上，使已有警覺的他顧左右而言他，利楊不提客戶的忠誠問題，斯諾也莫可奈何，即便他拒絕回答，也對他沒轍。

假如迂迴轉進不能奏效，斯諾眞心要瞭解事實的話，當然可以隨時變換策略，改用直接提問法進行。

但他在變化探測利楊的手法時，容易讓對方覺得斯諾這個人很有心機，因此，進行時得千萬謹慎小心。

從以上分析，可以得到一個較明確的原則：

- 如果所尋找的訊息和談判主題有重要關係，把它擺上檯面也沒有負面風險，反而可以取迫使對方直話直說。

• 如果不能顯露出尋求訊息，可使用抽絲剝繭的方法，較模糊也比較不明顯，以使對方從無意中透露出來的間接策略。

以此原則，對於競爭對手哈代是否與利楊接觸這點，儘管與利楊已經開始談判了，斯諾也可以當面詢問對方。

因爲，斯諾的興趣在於是否延長利楊的合約，以及哈代是否有意挖普林科的員工。而對於利楊的紅利，斯諾直接發問，雖然可以得到預期的答案，但對談判的發展沒有多大幫助，所以這點可以採取間接方式處理。

假設採取直接發問，利楊或許會這麼說：「你雖然是總經理，但是在談判桌上，我們是對等的角色。斯諾，我當然要紅利，如果續約的條件不能滿足我的要求，紅利也無法留住我。」

那麼，斯諾將自己陷於尷尬境地，談判又如何進行下去呢？

假如有了例外，利楊提出九月份他要送孩子上大學，急需一筆錢，而斯諾很想把他留用，就有發言餘地：「好吧！利楊，我會在許可權範圍內增加你的紅利。」

要為自己預留周旋空間

必須確定對手的許可權和是否有幕後決策者，才能評估對手的影響力。否則，對方往往會藉口送交上司核准，從你這裡獲取更多的讓步。

談判桌是唇槍舌劍的戰場，是充分發揮說話技巧的擂台。談判席上的高手，應在以觀察爲主的辯論中發揮卓越能力。

爲推理而推理，容易落入陷阱。談判者應博覽善記、巧於比喻，把話說得簡明易懂；應直覺的洞悉出反面的語意，善於駁倒謊言；融合各方意見，說服對方站在自己的立場。

東田先生代表製造公司，與代表原料公司的西宅先生雙雙走進談判室，洽談購買生產原料的問題。談判在原料公司進行了長時間的交鋒，雙方意見已十分接近。

東田出價四十五萬元，而西宅認為這個價碼還不錯，但仍需要與總裁商量。

西宅出去十分鐘後，回來繼續開始。

「我已經請示了總裁，他說任何低於五十五萬元的價格都不能接受。但是，我轉達您絕不肯再讓步的意思，於是他又說看在您是老客戶的分上，他願意接受五十萬元的價格。」西宅首先通報總裁的意見。

東田立刻表態：「這不行，我們去年才花四十二萬元買了同樣的原料，四十五萬已經是我方的最高價，這一點我在一小時前就告訴您了。」

西宅道：「這我知道，可是……」

兩位代表爭論了將近一小時，東田還是不肯把價格往上提。

「好吧，我再去跟總裁商量。」西宅又出去了，不久之後回來說：「總裁發火了，不過，我還是讓他同意四十八萬元這個價格。趁他還沒改變主意前，咱們簽約吧！」

東田很生氣地說：「我看不出再談下去還有什麼用，我已經訂了機票，三小時後就得登機回去。如果你們總裁還想做這筆生意，那就請他直接跟我談吧。」

他擺出時間有限的態勢，迫使對方答應成交。

終於，總裁現身問道：「東田先生，現在問題到底出在哪兒？」

東田說道：「問題不在我們，我已經同意四十五萬的高價，這已經比去年同樣的交易還多付了三萬。如果您還不接受的話，那麼再討論下去也沒什麼意思。」

「從去年開始，我們的成本就提高了不少，請您體諒我們的難處啊。」總裁又說了幾個理由。

東田先生聽了後，對總裁說：「很抱歉，我們也有我們的難處，四十五萬已經是最上限了。」

他一邊說，一邊收拾文件。

這些動作其實是有意製造時間上的壓力。

總裁為難地說：「那麼，我們最低的價格是四十六萬元，這可離您報的價沒差多少了。說句實話，我們可是賠本跟您做生意喲！」他向東田伸過手來道：「怎麼樣？成交？」

東田立即說：「那就四十六萬成交吧。等星期一我回到公司，由我來準備有關文件。」

事實上，在談判一開始時，東田就已經知道會議中的任何協議，還須經過對方上司同意，所以他在出價時便留了一手。其實，他期待的價格是四十七萬五千元。

當你發現談判牽扯到對方上級時，千萬別把最高報價透露給下級知道，等到對手搬出上級來時，你才有周旋的餘地。

總之，不管在任何情況下，你都應該知道到了哪個關口給的價格合理、如何才能把對方榨乾，以及何時得拒絕報價。

換言之，必須確定對手的許可權和是否有幕後決策者，才能評估對手的影響力。否則，你將不知道此次的談判是否爲最後的洽商，而對方往往會藉口送交上司核准，從你這裡獲取更多的讓步。

運用決斷力贏得先機

減少周邊服務專案進一步減價，卻通融了他的費用，洛桑運用這樣一種又好又平衡的方法，既少付了錢，又使對方感覺良好，能不稱絕嗎？

判斷力是談判中最難以捉摸的技巧。恰到好處，而又正確的判斷需要來自許多可靠資料的分析，而經驗更是不可缺乏的重要因素。

例如，在談判中，需要決斷的事會接踵而來，而且越快下決定越能贏得先機。是否應該堅持這一點？就這個議題，是強求呢？還是鬆手？可用什麼條件換取這個條件？先開價呢？還是等待對方出價？應該開價的話，開什麼價碼能取得底價的實現……這些都是需要平衡的方法。

洛桑決定更新廚房，找來建築師兼室內設計師羅彬。

羅彬是位聲譽良好的設計師，看了洛桑的廚房，聽取了他對廚房設計上的要求，並且介紹自己在廚房設計的成功經驗和品質保證，並表示願意為他服務。

洛桑詢問價格，羅彬開價五千美元，並聲明這是一般合理價格，包含其他費用在內。他會提供廚房的裝修設計圖，當然，還可以協助裝潢時採購廚房用品，提供其他特定的服務專案。

洛桑覺得價格較貴，試探其他費用的「一般價」是多少？若不需要全套服務是否可以降價些，如果不要他監工，價格最好降到四千元。

除此之外，洛桑還要求羅彬略述對廚房設計的整個構想，看看是否合心意，並據此決定是否需要他的服務。

羅彬說：「五千元的費用是一般價了，沒什麼好商議的，要不然，我的其他客戶會群起抗議。至於一般性的服務費，可稍微減少一點。如果不需要我監工，那就減價七百五十元，價格改為四千二百五十元。」

他還表明，不會為了五千元而透露廚房設計構想，因為這是他設計服務的主要內容，需要花很多時間做測量和構圖。

這裡可以看出羅彬的精明處：假如他使出渾身解數做出的設計圖，包括初步整體構想，一旦讓洛桑看了或聽了之後，有可能就把他打發，另請工匠照圖施工，羅彬豈不是白費心血？

洛桑看得出羅彬願意與他交涉，並做成這筆生意，也知道羅彬的客戶不少，所以不可能殺太多價，至於免掉一些服務專案，少付一點錢倒是有可能的。

再者，洛桑心裡有數，知道羅賓的開價合理，並不算貴，雖然可以答應他的價格，但不管怎樣，必須「贏」一點回來才是。

然而，要實現洛桑的意願，羅彬是否願意配合非常重要。總之，洛桑應該有些彈性，例如先看藍圖的話，給予一千元，表明自己沒有偷取「構圖」的意圖，如果設計得不錯的話，就照此施工，不合心意就另請高明。

萬一不成，洛桑只損失了一千元。

如果洛桑有耐心，可以讓羅彬知道不是非他設計不可。

經過幾次回合的交鋒後，洛桑或許可以建議羅彬說：「羅彬，我很願意你幫我做這件事，但是，你一定要讓我先看看構圖。如果設計不合我的心意，我就無法付你全部的費用。」

洛桑接著可以這麼說：「你已經介紹了你的作品和曾經得到的讚賞，你應該相信，在我看過你的設計後，一定會付你費用的。至於你擔心我是否會偷取你的設計，眞是令我驚訝，因爲你可以保留原稿來保護你的設計成果。」

洛桑還可以進一步說：「我同意你的說法，但準備工作也許比你所見到的還多，如果不超過我的估計，我會把預付款金額提高到七百五十元。至於全部價格，我準備刪去說明採購廚房用品的服務專案，至少減掉三百五十元的金額。我很高興支付你所提出的合理費用。」

洛桑這些話的用意是什麼？

首先是強調他堅定不移的立場，而並非威脅羅彬。

這些本來是放在談判最後，再來討論的問題，但是他把它放在開頭，決定用它當主導，強調它的重要性。這使得羅彬瞭解他之所以這樣強調的用意。

再者，他已經把周邊價格提高，這是有彈性的表現。事實上，這是他導致羅彬轉移重視那一方面，不是著眼另一方面。

他試探著說服羅彬同意他的方案，進行這筆交易。

這是個高超而敏捷的行動。

同時，洛桑建議減少周邊服務專案進一步減價。因爲不是直問羅彬的「一般收費，卻通融了他的費用，如此一來，羅彬也不會感到難受。

這是個平衡的好辦法。

試想，洛桑運用這樣一種又好又平衡的方法，既少付了錢，又使對方感覺良好，能不稱絕嗎？

別把自己的想法寫在臉上

當你退讓時，至少要從對方那裡得到相當價值的回應。若要確定對方的回報是否實際，必須自問一個問題：對方的退步對達成協議有否價值？

《麻雀變鳳凰》的電影裡有這樣一段情節：有錢的生意人李察．吉爾走進應召女郎茱莉亞．羅勃茲的浴室，對她說：「週末以前，我都會留在這裡，希望妳整個星期日都陪我。」

茱莉亞．羅勃茲從浴缸中伸出頭來說：「你說的是一天二十四小時整天的工作——這可是會花你不少錢呢！」

李察．吉爾要她報個價，她心裡盤算了一下說：「四千美元。」

「不可能。」李察．吉爾說：「二千美元。」

她討價還價說：「算三千美元吧！」

李察．吉爾立即做出讓步，毫不猶豫地說：「成交。」

茱莉亞．羅勃茲得到了比預期更高的價格，興奮地把頭埋進水裡，然後露出水面，坦誠地歡呼：「我原來打算只要二千美元就成交的。」

李察．吉爾一聽到她的歡呼，就慢慢地回過頭來說：「就算是四千美元，我也會付的。」

茱莉亞．羅勃茲白歡喜一場，但話已傳到了對方耳朵裡，無可更改，只好自認倒楣了。

我們在談判中，千萬要學會深藏不露。比如雖然達成口頭協定，尚未正式簽約前，如果你對談判結果喜形於色，對方就會懷疑自己吃虧太大，從而推翻口頭協議，重新談判。

又例如，我們在購物時，完全是憑口頭協議進行買賣，只要未一手交錢、一手交貨，交易就可能隨時告吹，如果你把心中的想法一覽無遺地表現在臉上，豈不是要壞事了？

因此，談判的時候，往往會因爲達成了某些交易，卻失掉其他機會。有時得到的會比預期來的多，但大多數時候，得先做出較大的讓步。

在談判中，是一點一點的讓步，還是把它們捆在一起一次抛出去？有人認爲，前者能換回最大的代價。可是，這樣的方式，可能會做出不該給予的讓步。

談判中的討價還價，一般而言雙方都不願意在細小專案上輕易讓步，因爲既耗時又費力，並且增加對立情緒，以致造成交涉的徹底破裂。

一點一點退讓還可能造成你已經被逼到死角，而對方卻一再努力施壓，因爲不知底細的對方，不知你的底線在哪裡。相反的，把讓步一次抛出的方式，可使雙方都能避免談及自己的難處。

然而，要確立讓步的策略，還得根據談判的情形而定。

如果對方的報價已相當接近你的期待值，就可以用一次讓步的方式，以求速戰速決。否則，就該考慮採用漸進式讓步，使對方一點一點向己方期待值靠攏。

但不管在任何情況下，最實用的策略，還是先試著與對方進行一次讓步，並保留一些可以再讓步的空間。這樣可以在達成協議中碰到障礙時，保留一些空間來解決問題。

當你退讓時，至少要從對方那裡得到相當價值的回應。但是，你所得到的回報可能是表面的，而沒有多少實質優惠，甚至是海市蜃樓的幻影。

若要確定對方的回報是否實際，必須自問一個問題：對方的退步對達成協議有否價值？

因爲，雙方都力圖達成對自己最有利的交易，總想越少讓步越好。雙方也都知道，談判中做出某種讓步是必要的，因此，往往都會把目標定得很高，初步同意的讓步只是最不重要的部分。

這一步也許是虛妄的，僅僅意在表示己方的誠意而已。

但千萬不要答應超越談判計劃規定的讓步。若是對方尚有退步餘地，而你已退到了期待值的臨界點，那就麻煩了。

避免方法之一，就是不要輕易讓步，而須經過一番搏鬥，才能顯示出這一點讓步的珍貴。

當然，到了雙方都須做最後讓步時，還有可能成爲對方無謂讓步的犧牲品。這得靠智慧和遠見來加以避免。

第二個自問的是：對方讓步所要求的回報是什麼？也就是說，對方的居心何在。在讓步交換上是否取勝，在很大程度上決定這筆生意做得好壞；常見的陷阱，就是一對一的交換。

如果對方的出價離自己的目標很遠，這樣讓步交換下去，結果就不堪設想了。例如，你自己預設的最高出價爲二十萬元，對方提議把他的最後開價三十萬元和你最後的出價十五萬加起來打對折，結果你最後給付金額就會變成是二十二萬五千元。

這樣的等值交換可能使你受損。有鑑於此，應該注意對方的讓步距離你的目標還有多遠，別拘泥於等值交換的形式。

提防對方的「報價戰術」

粗略的報價，即總價在談定後，才衍生出其他不含在總價之內的項目；如果想要避免這種損失，就應該把必要項目先明白溝通好。

湯米是紐約一家大商場的採購員，正與會計系統公司代表迪克談判，內容是由系統公司為商場安裝並定期維修一套複雜的會計系統。談判已推展到迪克同意以五百萬元來完成這一項工程。

湯米道：「迪克，我看五百萬元可以成交了。現在請給我十五分鐘，讓我去跟採購部副總報告一下。」

迪克拉住他說：「湯米，請稍等，五百萬元可不包括第一年的維修費，七十五萬元的維修費可得另外計算。」

湯米看著對方，迷惑不解地問：「這是什麼意思？我們不是已經商定要討論全部的總價嗎？」

迪克氣定神閒地說：「我們商定的總價，指的是會計系統的交付和安裝。既然我們連維修的時間間隔都沒有討論，怎麼可能包含維修費用的問題呢？」

湯米覺得他是在節外生枝，生氣說道：「建議書中，你不是明明寫著包括一年的維修費嗎？」

迪克回答道：「確實是如此。但是，建議書裡可沒有說明維修費是多少錢呀。」

一年的維修既然已經包括在總攬的五百萬內，又怎能再另外收費呢？湯米卻沒有駁斥這一點，只說：「總之，我得與上司研究，明天上午我們再開會討論這個問題，怎麼樣？」

「好吧。」迪克同意道。

翌日，雙方到場後，湯米首先說：「現在，讓我們把談判內容都先確定吧。昨天你已經更正過了，那就是總價的內容裡，包括安裝費用，不包括維修費用。」

迪克立即答話：「是的，那麼，」他話鋒一轉，又轉到別的項目去了：「關於人員培訓和技術文件費，該怎麼辦呢？難道還得為此另外簽一分協議？」

湯米又是一愣，想不到又多出了其他問題，不解地問：「怎麼？你的意思是說，在總價五百七十五萬元的情況下，仍未包括人員培訓和技術文件費在內？你之前提了價，我接受了，怎麼現在還想往上加？你簡直是跟我開玩笑嘛！」

「你看，只須花五百七十五萬元，整個會計系統即可安裝好，而且包含維修一年。這難道還不划算嗎？至於別的，我得聲明，這可不是在向您兜售我們的技術文件和培訓服務。但既然你們想要，就得付錢呀。再說，我會盡可能將價錢壓低成二十五萬元。我這裡還有個分項報價表，請您過目。」

湯米問：「我們要是不買這兩項，會怎麼樣呢？」

湯米認可式的退讓，顯然為迪克創造了進攻的機會：「湯米先生，說句老實話，我實在不明白人員不經過培訓，要怎麼操作呢？我們這是最新的會計系統，可不能憑感覺操作。至於技術文件，我沒說你們非買不可，但我敢肯定，以後你們一定需要參考。既然花那麼多錢買了這麼高級的會計系統，又何必省這麼一筆小錢，而影響正確使用呢？」

湯米被他說得拿不定主意，「不用說你也知道，我還得去跟採購部副總商量。他一定會罵我，原以為花五百萬元就可以全部買下的東西，現在卻要六百萬。」

湯米不小心透露同意的訊息後，迪克得意地吹噓：「這還是最便宜的呢。要知道，你們買的可是最新的軟體喲。」

粗略的報價，即總價在談定後，才衍生出其他不含在總價之內的項目。這種方法之所以會成功，就在於對方不清楚到底必要的項目是什麼。

在談判過程中，如果想要避免這種損失，就應該把必要項目先明白溝通好。而反擊的方法，可以是毫不退讓——要談就得要求先前的報價更低一點，以做爲回應更改報價的反制。

打草驚蛇會讓你一無所得

看透對手，靠的是訊息和經驗。論辯雙方所持的議題，都是由一定的依據來支撐，而這個依據就是訊息的掌握。

談判對手的組成異常複雜，談判的手法更是五花八門。

要想達到談判的預期效果，在談判進入準備階段時，首要任務是根據談判的不同內容、不同對象，定下這場談判的總策略和具體戰術方針，選擇採取何種辦法來對付對手。

其中，最關鍵的一點，就是要把對手看透，然後才選擇有利於自己的戰略方針。看透對手，靠的是訊息和經驗。論辯雙方所持的議題，都是由一定的依據來支撐，而這個依據就是訊息的掌握。

訊息可說是談判過程中的糧草和彈藥，如果把對方賴以取勝的依據抽掉，那麼議題就會崩塌。這就是談判中所謂釜底抽薪的精髓。

古人對此有精闢的解釋：「故揚湯止沸，沸乃不止。誠知其本，則去火而已。」意思是說，鍋裡的水沸騰，是靠了火的力量，火的力量源於柴草，柴草是水之所以沸騰的根本所在。如果把柴草抽走，火就會熄滅，水也就沸騰不起來了。

釜底抽薪的關鍵，是要看清對方的依據是什麼，從中找出虛假的部分奮力一擊，把論點推倒。

K君與某機械廠商洽談一筆鋼板訂單。這家廠商原來使用的鋼板，都是透過其他公司向K君的競爭對手訂購。這一回，該廠商決定同時向K君和原供應商進貨。

K君感到難於掌握的是，競爭對手的供應價格究竟是多少。他經過調查，得知大約在四千五百元左右，於是與機械廠商談判，在合理的利潤下開價四千四百元，以爭取訂單。

K君信心十足地認為一定能夠爭取到訂單，但是對方卻一直沒有回覆，他便前往拜訪對方的採購科長：「有關目前提出的報價，貴公司考慮得如何了呢？據我所知，這比貴公司目前採購的價格還要好。就算不能百分之百向我方購買，但至少可以分一半的訂單給我們吧！」

對方說：「其實，對方也降價了呢。所以你的價格已不再具有優勢。而且，對方和我們一直有著良好的關係，現在我們也只好維持現狀。」

這實在令K君感到太意外了。

根據後來得到的訊息，原來對方的採購科長一收到K君的報價單，立即找來競爭廠商：「K君提出了四千四百元的報價，如果你沒辦法配合，我們可能會下訂單給對方。」

如此一來，K君的競爭對手立即跟進，也報價四千四百元，再度拿走了訂單。

事實上，K君犯了一個打草驚蛇的錯誤，報價是最後的手段，未到最後關頭，只要提出口頭參考價就行了，必須在確實有把握接到訂單的最後關鍵，才能提出報價單。

可是K君一開始就提出了報價單，最後，那個採購課長來個釜底抽薪的手法，讓K君失去價格上的競爭，而且對方又以此報價單來砍殺競爭對手的價格，坐收漁翁之利。

K君自己承認：「我的錯誤就在於沒能看穿那位採購科長的伎倆。不僅如此，提出報價的時機不對，也是失敗的主要原因。」

從這個例子來看，就算提出了與對手相同的價格，也還是有其他不少可供談判的條件，譬如可以立即配合採取應變措施，研究價格上有無運作空間，進行品質優劣、售後服務的比較……等，這些都是不可或缺的重要環節。

溝通智典

24

說話能力，決定你能談成多少生意

作　　者　易千秋
社　　長　陳維都
藝術總監　黃聖文
編輯總監　王　凌
出 版 者　普天出版家族有限公司
　　　　　新北市汐止區忠二街 6 巷 15 號
　　　　　TEL / (02) 26435033 (代表號)
　　　　　FAX / (02) 26486465
　　　　　E-mail：asia.books@msa.hinet.net
　　　　　http://www.popu.com.tw/
　　　　　郵政劃撥 19091443 陳維都帳戶
總 經 銷　旭昇圖書有限公司
　　　　　新北市中和區中山路二段 352 號 2F
　　　　　TEL / (02) 22451480 (代表號)
　　　　　FAX / (02) 22451479
　　　　　E-mail：s1686688@ms31.hinet.net
法律顧問　西華律師事務所・黃憲男律師
電腦排版　巨新電腦排版有限公司
印製裝訂　久裕印刷事業有限公司
出 版 日　2021(民 110) 年 5 月第 1 版
ISBN◉978-986-389-773-6　　條碼 9789863897736

國家圖書館出版品預行編目資料

說話能力，決定你能談成多少生意／
易千秋著.—第 1 版.—：新北市,普天出版
民 110.5 面； 公分. - (溝通智典；24)
ISBN◉978-986-389-773-6 (平裝)